Thomas Fuchs

111 deutsche Biere, die man getrunken haben muss

111

emons:

Bibliografische Information der Deutschen Nationalbibliothek
Die Deutsche Nationalbibliothek verzeichnet diese Publikation in der Deutschen Nationalbibliografie; detaillierte bibliografische Daten sind im Internet über http://dnb.d-nb.de abrufbar.

Gestaltung: Eva Kraskes, nach einem Konzept von Lübbeke | Naumann | Thoben
Druck und Bindung: Grafisches Centrum Cuno, Calbe
Printed in Germany 2015
ISBN 978-3-95451-414-4
Originalausgabe

Vorwort

Nüchtern betrachtet, ist es ein Ding der Unmöglichkeit, ein Buch über genau die 111 Biere zu schreiben, die man getrunken haben muss. Deshalb sei vorab gesagt, dass dieses Buch weder eine Hitliste darstellt noch irgendeinen Anspruch auf Vollständigkeit erhebt.

»111 deutsche Biere, die man getrunken haben muss« gibt einen Überblick über die Facetten der deutschen Brauereienlandschaft, wie sie sich im zweiten Jahrzehnt des 21. Jahrhunderts darstellt. Traditionsmarken – egal, ob sie sich mittlerweile in der Obhut eines deutschen oder internationalen Konzerns befinden – werden ebenso vorgestellt wie Lokalgrößen, trendige Neulinge und ambitionierte Kultgetränke. Da Bierbrauen eine Tätigkeit ist, die in Deutschland in allen Regionen ausgeübt wird, wurde das ganze Land – unter Berücksichtigung regionaler Schwerpunkte – abgedeckt. Wer seine Bierrundreise nicht nur virtuell machen möchte, findet nach jedem Artikel Hinweise zu Brauereiführungen, Verkostungen und ähnlichen Extras. Unter jedem Beitrag weist ein Tipp auf weitere, meist verwandte Brauprodukte hin.

Obwohl Biertrinker nie so verbissen waren wie Weinfreunde, gibt es auch hier eine gewisse Schnöseligkeit á la: Nur wer weiß, was eine Darre ist und aus dem Kopf die unterschiedlichen Infusionsverfahren beim Maischen erläutern kann, darf mit gutem Gewissen Bier trinken. Aber beim Thema Bier sollte stets der Schaum im Glas bleiben und nicht vorm Mund. Auch wenn nicht auszuschließen ist, dass sich in diesem Text nützliche Informationen finden, geht es vor allem um Spaß. Also: Viel Vergnügen. Beim Genießen und bei der Lektüre.

111 deutsche Biere

Helles

1 111 Zwickl Bier von Auerbräu

Zwischen Auer- und Zapfhahn

Tja ... Bemerkenswert, was Brauereien alles tun, um in einer Liste an erster Stelle zu erscheinen, was? Doch gemach: Das 111 Zwickl Bier wurde nicht für dieses Buch, sondern anlässlich des 111. Firmengeburtstags im Jahr 2000 auf den Markt gebracht. Johann Auer begann am 17. September 1889 mit dem Brauen in der damals hochmodernen Anlage an der Münchener Straße. Als Firmensymbol wählte er naheliegenderweise einen balzenden Auerhahn, der bis heute auf jeder Flasche zu finden ist. Auch bei der zeitgenössischen Reklame hat das Haus ein glückliches Händchen. Der originelle Slogan »Our Bräu is Auerbräu« spricht sowohl für Weltläufigkeit als auch für Heimatverbundenheit. Im Laufe der Zeit wurde der Betrieb erweitert, andere Unternehmen übernommen, bis 1984 die Paulaner-Salvator-Thomasbräu AG zum Mehrheitseigner wurde.

Ein Zwickel-Bier ist so etwas wie die Rohfassung des Getränks. Es ist noch nicht völlig ausgereift, ungefiltert und daher trüber als das übliche Bier. Es gilt als bekömmlicher als reguläre Marken, unter anderem weil es weniger Kohlensäure enthält, aber dafür sind Zwickel-Biere auch nicht so lange haltbar. Ihren Namen verdanken sie einem kleinen Zapfhahn – dem Zwickel –, mit dem der Brauer Kostproben seines noch unfertigen Getränks entnahm. Die Tatsache, dass er zu früheren Zeiten das vorab gezogene Bier nicht wie den Rest versteuern musste, dürfte seinen Genuss vergrößert haben. Ganz allgemein gelten Zwickel-Biere als Lieblingssorten der Erzeuger, denn was der Braumeister freiwillig vor Fertigstellung trinkt, kann nicht schlecht sein.

Das 111 Zwickl kommt in 0,33-Liter-Longneckflaschen, die einen Pull-off-Verschluss haben. Diese Flasche lässt sich also ähnlich öffnen wie eine Dose. Die Etiketten gibt es in drei Farben; manche sagen, das mit den blauen haut am meisten rein, aber das dürfte in den meisten Fällen Autosuggestion sein.

Adresse Auerbräu GmbH, Münchener Straße 80, 83022 Rosenheim, Tel. 08031/18050, www.auerbraeu.de | **Bier-Steckbrief** Brauart untergärig, Alkoholgehalt 5,0 Prozent vol., Stammwürze 11,8 Prozent | **Öffnungszeiten** Brauereiführungen finden nach telefonischer Anmeldung statt. Im Besucherstüberl gibt es dann neben Informationen und Kostproben auch viele Souvenirs wie T-Shirts und Biergläser. Info unter 08031/180549. | **Tipp** Das schmackhafte Tegernseer Hell aus dem Herzoglich-Bayerischen Brauhaus Tegernsee.

2 1464 Frankenwälder

Bier macht Mut

Wenn man wollte, könnte man leicht ein Buch über Biere und Brauereien mit einem einzigen Textbaustein füllen. Der sähe dann in etwa so aus: Brauerei X wurde XXXX gegründet (hier möglichst eine altehrwürdige Jahreszahl einsetzen). Das Unternehmen befindet sich seit der X. Generation im Familienbesitz.

Das ist zwar etwas monoton, würde dennoch in vielen Fällen die Wirklichkeit recht gut beschreiben. Es sind eben auch die vielen über das ganze Land verteilten Familienunternehmen, die mit ihrer Arbeit dazu beigetragen haben, dass deutsches Bier weltweit einen guten Ruf genießt. Aber leider geht halt nicht immer alles glatt.

Die Ahornberger Brauerei hat eine beeindruckende Geschichte. Die Anfänge gehen bis ins Jahr 1739 zurück, und die Chronik berichtet von der engagierten Arbeit von sieben Generationen, aber 2010 ging es einfach nicht mehr weiter. Die Brauerei meldete Insolvenz an. Normalerweise ist so eine Situation das Ende. Mit etwas Glück findet sich manchmal ein Konzern, der einige Rosinen aus dem Portfolio pickt und die Produktion an einem anderen Standort fortführt.

Aber dann schlug die Stunde von Walid Aziz. Wer bei diesem Namen einen Quereinsteiger ins Brauereigewerbe vermutet, liegt nicht falsch. Aziz kommt aus der Logistikbranche, wo er mit einem Lkw und einem Schreibtisch anfing, dann den Aufstieg zum mittelständischen Unternehmer schaffte und 2004 als »Mutmacher der Nation« ausgezeichnet wurde.

Die Ahornberger Brauerei wechselte unter das Dach des Frankenwälder Brauhauses, wo unter anderem der Traditionsmarke 1464 neues Leben eingehaucht wurde. Durch diese Lösung blieb Naila als Produktionsstandort erhalten. Das 1464 ist ein typisches fränkisches, süffiges Bier, dessen Beliebtheit stetig wächst. Inzwischen werden die Biere bis nach Australien und China exportiert, denn wie Aziz erkannte: »Die Chinesen sind ganz verrückt nach Bier aus Bayern.«

Adresse Frankenwälder Brauhaus GmbH, Hofer Straße 21, 95119 Naila, Tel. 09282/96090, www.buergerbraeu-naila.de | **Bier-Steckbrief** Brauart untergärig, Alkoholgehalt 4,7 Prozent vol., Stammwürze 11 Prozent | **Öffnungszeiten** Von Brauereibesichtigungen oder Ähnlichem ist derzeit nichts bekannt. | **Tipp** Der süffige Nothelfer-Trunk aus der Alten Klosterbrauerei Vierzehnheiligen in Bad Staffelstein eignet sich auch für andere Notfälle.

3 Aecht Schlenkerla Rauchbier

Aus der Bierhauptstadt der Welt

Wer Schlenkerla sagt, meint Rauchbier. Und wer Rauchbier sagt, meint Aecht Schlenkerla. Was Rauchbier von den restlichen Bieren unterscheidet, ist ein entscheidender Schritt bei der Herstellung. Wenn das Malz der angekeimten Gerste zu einem Teil vom Bier werden soll, muss es trocknen. Das geschieht auf der sogenannten Darre, einem Maschengeflecht, dessen Name sprachgeschichtlich mit der Dürre verwandt ist; bei beidem geht es um große Trockenheit. Normalerweise kommt auf der Darre die Hitze einfach nur von unten, aber beim Rauchbier werden Buchenholzscheite verbrannt, und die geben dem Schlenkerla seinen typischen Geschmack.

Wir reden hier nicht von irgendwelchen Buchenscheiten. Sie werden von vereidigten Holzfällern, die ein Schweigegelübde über ihre Fundstellen abgegeben haben, nur um Mitternacht in der Fränkischen Jura geschlagen und mindestens drei Jahre gelagert, bevor sie dann ihren Dienst am Malz versehen dürfen. (Okay, das mit Mitternacht und Gelübde ist geflunkert, aber das mit der Jura und den drei Jahren stimmt.) Angeblich sollen Mönche auf die Idee zum ersten Rauchbier gekommen sein. Nach einem Brand entdeckten sie in einem Kloster Bier, das sie wegschütten wollten, weil sie es eigentlich für verdorben hielten. Zum Glück kosteten sie vorher. Der Rest ist, wie man so schön sagt, Geschichte.

Schlenkerla ist ein historischer Brauausschank im Herzen von Bamberg, der sich schon seit sechs Generationen in Familienbesitz befindet.

Mit seiner hohen Brauereidichte ist Bamberg so etwas wie die Bierhauptstadt der Welt, und wenn Bierfreunde hierherpilgern, wollen sie natürlich auch irgendwo einkehren. Auch dafür ist das Schlenkerla eine gute Adresse. Mindestens ebenso angenehm wie das Bier ist hier die Atmosphäre. Nicht ganz so freundliche Zungen sagen, Fränkisch sei ein Dialekt für Leute, die eigentlich nicht reden wollen. Hier wird das Gegenteil bewiesen.

Adresse Brauerei Schlenkerla, Dominikanerstraße 6, 96049 Bamberg, Tel. 0951/56060, www.schlenkerla.de | Bier-Steckbrief Brauart untergärig, Alkoholgehalt 5,1 Prozent vol., Stammwürze 13,5 Prozent | Öffnungszeiten täglich 9.30–23.30 Uhr | Tipp Der Schlenkerla Urbock passt hervorragend zu einer guten Zigarre. Anstich ist traditionell jeden ersten Donnerstag im Oktober.

4 Aktien Zwick'l Kellerbier

Noch ein Bayreuther Bier-Erlebnis

Warum das Aktien Zwick'l Kellerbier Aktien heißt, weiß ich nicht, aber was Zwickel- oder Kellerbiere sind kann man hier (111 Zwick'l, S. 10) oder hier (Engel Kellerbier, S. 86) nachlesen.

Das Bayreuther Bier kommt in einer Halbliterflasche mit Bügelverschluss, was an sich schon auffällig ist, aber dazu gibt es auch noch einen Halbliter-Steingut-Krug, auf dem der Markenschriftzug noch größer prangt als auf der Flasche. Und wer weiß, was gut für ihn ist, der trinkt Aktien Zwick'l Kellerbier nur aus diesem Gefäß. (Das soll jetzt keine Drohung sein, aber in meiner Stammkneipe würde man rausfliegen, wenn man sich das Bier in einem Glas bestellte.)

Mittlerweile sind Bügelflaschen wieder ziemlich verbreitet, dabei waren sie vor einiger Zeit fast ausgestorben, was aber nicht daran lag, dass diese Erfindung sich als mangelhaft erwies; eher im Gegenteil.

Der Preuße Carl Dietrich entwickelte ein System, welches 1877 von Nicolai Fritzner weiterentwickelt wurde und schon die wesentlichen Bestandteile enthielt: Drahtbügel, Porzellanstöpsel und Gummiring. Fairerweise sollten wir aber darauf hinweisen, dass um dieselbe Zeit auch ein amerikanisches Patent angemeldet wurde. Hier galt ein gewisser Charles de Quillfeldt als Erfinder, der aber selbst nicht an der Markteinführung beteiligt war. Bis dato wurden die Flaschen in der Regel mit Korken verschlossen, was ein wenig zu sehr an Wein erinnerte und außerdem das In-die-Kehle-Schütten verdarb, wenn von dem Korken Partikel krümelten.

Carls Bügelverschluss hatte gleich mehrere Vorteile. Man konnte die Flasche öffnen und wieder verschließen, und wenn das Bier dann endlich alle war, konnte man die Flasche auch für andere Getränke verwenden. Weswegen schließlich immer Flaschen in die Brauereien zurückkamen und weshalb dann eines Tages auch das Flaschenpfand erfunden wurde. Ob das auch im Sinne von Carl Dietrich war, ist nicht bekannt.

Adresse Bayreuther Bierbrauerei AG, Hindenburgstraße 9, 95445 Bayreuth, Tel. 0921/401111, www.bayreuther-bierbrauerei.de | Bier-Steckbrief Brauart untergärig, Alkoholgehalt 5,3 Prozent vol., Stammwürze 13,5 Prozent | Öffnungszeiten Es gibt in der Brauerei einen Abholmarkt, Mo 14–18 Uhr, Di–Fr 9–18 Uhr, Sa 9–13 Uhr. | Tipp Das Spezial 205 vom Bayreuther Becher Bräu ist ebenfalls sehr trinkbar.

5 Aldersbacher Kloster Dunkel

Welches Bier hätten S' denn gern?

Aldersbach begann 1268 als Klosterbrauerei. Wer Etiketten sammelt, kann auf älteren Flaschen lesen, dass die Brauerei seit 1270 aktiv ist. Aber dann wurde nach einigen Diskussionen entschieden, dass es die Brauerei schon zwei Jahre länger gibt. Das heißt, möglicherweise besteht das Haus sogar noch viel länger, aber 1268 ist das früheste Jahr, das man einwandfrei belegen kann. Die Zeiten waren nicht immer ruhig. Während des Dreißigjährigen Krieges wurde das Kloster von schwedischen Soldaten besetzt. Als die Soldateska sich näherte, flohen alle bis auf einen, der später als »Bruder Kastner« zur Legende und zum Namenspaten des hiesigen Stammtisches wurde. Er soll – nachts, wenn die Schweden schliefen – aus seinem Versteck geschlichen sein und sich um das Vieh gekümmert und es mit Futter aus den Getreidekästen (daher sein Name) versorgt haben. Im 19. Jahrhundert kam Napoleon und mit ihm die Säkularisierung der Kirchengüter in Bayern. 1812 erwarb die Familie des Freiherrn von Aretin das Kloster, inklusive der Brauerei, die im Laufe der Zeit immer wieder modernisiert wurde, wobei man aber darauf achtete, dass sowohl der Ort als auch das Bier immer seinen geschichtsträchtigen Charakter bewahrte.

Das Besondere am Aldersbacher Kloster Dunkel ist das speziell geröstete dunkle Malz, das nachdrücklich verantwortlich für den einzigartigen Geschmack zeichnet. Und das Besondere an der Brauerei war schon immer, dass hier gekonnt Bier mit Unterhaltung und Bildung verbunden wurde. Annette von Aretin – offiziell und vollständig lautet ihr Titel Freiin von Aretin – prägte mit ihrem Stil jahrzehntelang Robert Lembkes Raterunde »Was bin ich?«. Heute finden auf dem Gelände der Brauerei Festivals, Misswahlen und Stammtische statt, an denen Mitglieder den Ehrentitel »Bruder Kastner« verliehen bekommen. 2016 hat die Brauerei die Ehre, die große Landesausstellung zum 500. Jubiläum des Reinheitsgebots auszurichten.

Adresse Brauerei Aldersbach Freiherr von Aretin GmbH & Co KG, Freiherr-von-Aretin-Platz 1, 94501 Aldersbach, Tel. 08543/96040, www.aldersbacher.de | Bier-Steckbrief Brauart obergärig, Alkoholgehalt 5,1 Prozent vol., Stammwürze 12 Prozent | Öffnungszeiten Das Braustüberl auf dem Gelände der Brauerei ist während der Saison täglich ab 14 Uhr geöffnet. | Tipp Der Aldersbacher Doppelbock dunkel; für alle, die es etwas kräftiger mögen.

6 Allersheimer Bügel-Pils

Allein in Allersheim

Es gibt wenige Filmzitate, mit denen so viel Schindluder getrieben wurde wie mit Kevin Costners Ausspruch in dem Film »Feld der Träume«. Costner spielt hier einen Typen, der davon träumte, ein Baseballstadion zu errichten, und das trotz aller Widerstände tat, weil er auf eine innere Stimme hörte, die ihm sagte: »Wenn du es baust, werden sie kommen.« Otto Baumgarten befand sich in den 50er Jahren des 19. Jahrhunderts in einer vergleichbaren Situation. Er war Pächter der Domäne Allersheim, und links und rechts von ihm begann das große Brauereiensterben. Bürger gaben ihr Braurecht zurück, und wenn es etwas Neues gab, dann war es eine Schnaps-Brennerei; die von Justus von Liebig optimierte Zuckerrübe sorgte seit einigen Jahren für Spirituosen-Rohstoff im Überfluss.

Aber Otto Baumgarten hatte einige Jahre in Bayern verbracht, dort die Kunst des Bierbrauens erlernt, und er glaubte an seinen Traum. Wenn er hier, mitten in der Diaspora, eine Brauerei aufbauen würde, dann würden die Trinker und Kenner kommen. Gerste zum Brauen wuchs auf seiner Domäne. Den Hopfen musste er anfangs noch einkaufen, bald aber blühte der auch auf seinem Gelände. Ein gutes Bier braucht natürlich auch gutes Wasser, hier saß er mit dem Nass aus dem nahe gelegenen Solling sprichwörtlich an der Quelle. Deren kühles Nass prägt ebenso wie der Hallertauer Hopfen maßgeblich den Geschmack der Produkte des Hauses. Die erste Eigenkreation war ein Süßbier, dann kam das Allersheimer Lagerbier, welches schnell mehr als ein Geheimtipp wurde.

Mit dem Allersheimer Bügel-Pils betrat das Unternehmen eine neue Dimension. Schon im ersten Jahr wurden über 10.000 Hektoliter verkauft.

Für ein Familienunternehmen waren dies beeindruckende Zahlen, doch sie reichten nicht aus, um allein im Konzert der Großen mitzuspielen, weshalb heute auch die Radeberger Gruppe über die Dortmunder Actien-Brauerei Anteile am Unternehmen hält.

Adresse Allersheim GmbH, Allersheim 6, 37603 Holzminden, Tel. 05531/1250, www.brauerei-allersheim.de | **Bier-Steckbrief** Brauart untergärig, Alkoholgehalt 4,9 Prozent vol., Stammwürze 11,6 Prozent | **Öffnungszeiten** Brauereibesichtigungen Mi, Fr 14–17 Uhr (Voranmeldung erbeten) | **Tipp** Das klassisch-feinherbe Bergbräu Pils aus dem gar nicht so weit entfernten Uslar.

7 Allgäuer Büble Bier

Das Imperium schlägt zurück

Wenn ein großer Konzern – womöglich gar ein weltumspannendes Unternehmen – eine lokale Marke übernimmt, werden unter den Freunden des Getränks Befürchtungen wach, dass die Produktion nach – sagen wir mal – Bangladesch verlagert wird. Dass dort halb verhungerte Kinder einen Sud zusammenbrauen, der dann mit Pipelines nach Europa geschickt wird, wo dann in Abfüllanlagen das ganze Zeug, mit einem Einheitsgeschmack versehen, in verschieden etikettierte Flaschen abgefüllt wird.

Da ich tatsächlich mal die Gelegenheit hatte, mit dem Manager eines weltweit operierenden Lebensmittelkonzerns zu sprechen, weiß ich, dass die Angst vor einem Einheitsgeschmack unbegründet ist. Selbst Weltmarken schmecken nicht zufällig in vielen Ländern anders, weil die Geschmäcker eben verschieden sind. Dass Platzhirsche im Konkurrenzkampf mit Lohndumping die Preise drücken, hört man hingegen hin und wieder schon.

Und um sich gegen die Global Player zu behaupten, betonen hier die Kleinen verstärkt regionale Verbundenheit.

Das Allgäuer Brauhaus in Kempten, wo das Büble Bier gebraut wird, wurde Ende des 19. Jahrhunderts gegründet und hat viele Jahre seiner Existenz damit verbracht zu fusionieren, zu expandieren oder sich ganz schlicht zu diversifizieren.

2003 kam dann der ganz große und bislang letzte Schritt: Die Radeberger Gruppe erwarb mehr als 90 Prozent der Brauerei und begann Produktion und Abfüllung umzustrukturieren. Allerdings hütete man sich, den regionalen Bezug aufzugeben – im Gegenteil, der wurde noch verstärkt. Seit 2012 wird das Bier, das kräftig damit kokettiert, genau so zu schmecken wie zu »Großvaters Zeiten«, auch deutschlandweit vertrieben.

Und der so betonte Heimatbezug zeigt: Wenn eine Brauerei, die zu einem großen Konzern gehört, so tut, als sei sie klein, dann kann das Konzept der echten Kleinen nicht ganz falsch sein.

Adresse Allgäuer Brauhaus AG, Beethovenstraße 7, 87435 Kempten, Tel. 0831/20500, www.allgaeuer-brauhaus.de | **Bier-Steckbrief** Brauart untergärig, Alkoholgehalt 5,5 Prozent vol., Stammwürze 12,7 Prozent | **Öffnungszeiten** Brauereiführungen Mo–Do ab 13 Uhr | **Tipp** In Dresden gibt es das Restaurant Edelweiss (www.edelweiss-dresden.de) mit Allgäuer Flair und natürlich Allgäuer Büble Bier.

8 Alpirsbacher Klosterbräu Pils

Himmlischer Hopfengenuss

Biertrinken und Vereinsmeierei sind nicht so weit voneinander entfernt. Da liegt es schon nahe, dass sich Brauereien in Verbänden organisieren. Jeder Verband hat in seiner Nähe meist eine Kommission, die Preise verleiht, weshalb es dann am Ende überraschend viele Brauereien gibt, die bei Wettbewerben zu Weltmeistern oder Goldmedaillengewinnern gekürt werden. Das ist dann ein bisschen so wie bei Weltboxsportverbänden, die ja auch alle ihre eigenen Meister haben, oder wie in der katholischen Kirche, wo es manchmal ja auch mehr als einen Titelträger geben kann.

Während für eine große Brauereigruppe die Mitgliedschaft in einem Verband vermutlich nicht sooo wichtig ist, sieht es für kleine Firmen schon anders aus.

So haben sich Familienbetriebe aus Deutschland, aber auch Österreich und Holland im Verband der Freien Brauer zusammengeschlossen. Jedes Mitglied hält die vereinseigenen sieben Werte hoch, zu denen allerdings keine alten Faustregeln wie »Ein gut gezapftes Bier dauert sieben Minuten« gehören, sondern eher Prinzipien, die dafür sorgen sollen, dass es auch in Zukunft individuelle, originelle und unabhängige Brauereien gibt.

Mehrere in diesem Werk erwähnte Produzenten sind Mitglieder des Verbandes, alphabetisch an erster Stelle die Alpirsbacher Brauerei.

Hierbei handelt es sich um eine ehemalige Klosterbrauerei, die allerdings jahrzehntelang brachlag, bis sie am Ende des 19. Jahrhunderts als Familienbetrieb wiederbelebt wurde.

Die Nachfahren von Gründer Johann Gottfried Glauner leiten auch heute noch das Unternehmen, allerdings haben sie bis heute den Familiennamen aus der Firmenbezeichnung herausgehalten. Die Biere der Brauerei haben ohne Zweifel einen Ehrenplatz im Hopfenhimmel. Das gilt nicht nur für das Pils, sondern auch für das sehr genießbare Spezial. Ohne Unternehmen wie diese wäre die deutsche Brauereienlandschaft sehr viel ärmer.

Adresse Alpirsbacher Klosterbräu Glauner GmbH & Co. KG, Marktplatz 1, 72275 Alpirsbach, Tel. 07444/670, www.alpirsbacher.de | **Bier-Steckbrief** Brauart untergärig, Alkoholgehalt 4,9 Prozent vol., Stammwürze 11,8 Prozent | **Öffnungszeiten** Brauereiführungen Mo–Fr 9–13 Uhr | **Tipp** Ein kundig gebrautes Bier der Edelbrauerei Pohl aus dem in der Nachbarschaft gelegenen Schopfloch.

9 Andechser Spezial Hell

Hier bin ich Mönch, hier darf ich's sein

Die Benediktiner sind ein alter Mönchsorden, der seit Jahrtausenden nach einfachen und klaren Regeln lebt. Als ihr Leitspruch wird in der Regel »Ora et labora« (Bete und arbeite) überliefert, wobei es aber auch noch eine erweiterte Version gibt, die »Ora et labora et lege« (Bete und arbeite und lese) heißt. Gemeinhin wird der Orden nach seiner lateinischen Bezeichnung mit OSB abgekürzt, was man im englischen Sprachraum tunlichst nicht mit SOB verwechseln sollte.

Sinn und Zweck des Klosterdaseins war ein bescheidenes und gottgefälliges Leben in Demut. Und es besteht wenig Zweifel daran, dass die Atmosphäre hinter den Klostermauern diesem Credo durchaus dienlich war. Aber andererseits: In dieser Atmosphäre gedeihen auch zwei andere Dinge hervorragend: Käse und – das vor allem – Bier.

Man braucht sich nicht erst an den trinkfreudigen und rauflustigen Mönch Bruder Tuck aus den Legenden um Robin Hood zu erinnern, um zu verstehen, dass in der Vergangenheit so mancher Mensch die Rede vom Bier als dem »flüssigen Brot« wörtlich nahm. Wobei es sich als hilfreiche Regelung erwies, dass während bestimmter Fastenperioden die Aufnahme fester Nahrung verboten war.

Das Benediktinerkloster Andechs ist die größte der insgesamt sechs echten Klosterbrauereien, die es in Deutschland noch gibt.

Wobei der Betrieb nicht nur der inneren Erbauung dient. Das Kloster Andechs gehört zu den wenigen kirchlichen Einrichtungen, die relativ gelassen auf Schwankungen des Kirchensteueraufkommens reagieren können, denn es hat davon bis zum heutigen Tag noch keinen einzigen Cent bekommen. Der Erhalt des Klosters und sein soziales Engagement muss durch den Ertrag finanziert werden.

Doch natürlich gibt es einen Grundsatz, der über allem schwebt: »Ut in omnibus glorificetur Deus« – In allem soll Gott verherrlicht werden. Was dem Gerstensaft des Hauses durchaus eine göttliche Komponente geben kann.

Adresse Klosterbrauerei Andechs, Bergstraße 2, 82346 Andechs, Tel. 08152/3760, www.andechs.de/die-klosterbrauerei.html | **Bier-Steckbrief** Brauart untergärig, Alkoholgehalt 5,9 Prozent vol., Stammwürze 13,5 Prozent | **Öffnungszeiten** Brauereiführungen finden in den Sommermonaten unter der Woche vormittags statt. Am besten vorab auf der Webseite informieren. | **Tipp** Der Weißenoher Klostersud aus der Klosterbrauerei Weißenohe, ebenfalls ein zutiefst »mönchliches« Produkt.

10 Arcobräu Schloss Hell

Ohne Moos nichts los

Das Oktoberfest ist das größte Volksfest der Welt, und mittlerweile hat es weltweit so viele Nachahmer, dass selbst Leute, die noch nie da waren, meinen, genau zu wissen, wie es dort zugeht. Besucher aus dem Ausland sind immer wieder erstaunt, wenn sie erfahren, dass nicht alle Deutschen, ja nicht mal alle Bayern, den ganzen Tag in Lederhosen herumlaufen und Umta-Umta-Musik hören, oder wissen wollen, wer neben Alice wohnt.

Eine derartige Ernüchterung lässt sich vielleicht noch verschmerzen; härter ist der Aufprall in der Realität, wenn man erleben muss, dass die Behauptung, die Münchner Verkehrspolizei verzichte während des Oktoberfestes auf Alkoholkontrollen, ebenfalls ein Mythos ist.

Und, wenn wir gerade beim Mythen zerstören sind: Das Oktoberfest ist beileibe nicht das einzige bierbezogene Volksfest in Bayern. Das Gäubodenfest in Straubing ist zwar bei Auswärtigen nicht halb so bekannt wie das Oktoberfest, doch auch diese Festivität zieht, wenn sie – in der Regel ein paar Wochen vor dem Oktoberfest – stattfindet, mehr als eine Million Besucher an. Der Name Gäuboden beschreibt den Landstrich rund um Straubing, wobei keiner ganz genau weiß, wo diese Region endet und der Rest von Bayern beginnt. Geologen könnten Klarheit schaffen, Gäu ist nur ein anderes Wort für Löß, aber andererseits kann einem das auch egal sein – und nach einigen Bieren sowieso. Zu den Attraktionen des Gäubodenfestes gehört auch der Auftritt der Arco-Brauerei, die seit Jahrhunderten in der Region verwurzelt ist. So ist das Brauhaus ebenfalls auf dem im Sommer stattfindenden Deggendorfer Volksfest präsent, und im Frühjahr wird in der Heimatstadt Moos ein brauereieigenes Pfingstfest ausgerichtet. Und dreimal können Sie raten, welche Biersorte auf diesem Fest am beliebtesten ist.

Das Arcobräu Schloss Hell ist so, wie man sich ein bayerisches Landbier vorstellt, trinkbar und mild.

Adresse Arcobräu Gräfliches Brauhaus GmbH & Co. KG, Schlossallee 1, 94554 Moos, Tel. 09938 / 918180, www.arcobraeu.de | **Bier-Steckbrief** Brauart untergärig, Alkoholgehalt 4,9 Prozent vol., Stammwürze 11,0 Prozent | **Öffnungszeiten** Brauereibesichtigungen nach Voranmeldung möglich. Bei Gruppen ab 20 Besuchern wird auch ein Programm organisiert. | **Tipp** Die nach alter Manier gebrauten urigen Biere von Prössl-Bräu in Adlerberg.

11 Astra Urtyp

Die Sache mit den Etiketten

Astra gehört zu Holsten, und Holsten wiederum gehört mittlerweile der Carlsberg-Gruppe. Dieser dänische Brauereikonzern ist der viertgrößte der Welt. Was man aber dem Astra Urtyp nicht ansieht. Das Bier wird seit 2008 in der altmodischen knubbeligen Steinie-Flasche ausgeliefert, und vor allem die provokante Werbung und die Unterstützung für den Fußballclub St. Pauli lassen eher auf eine punkige Abkunft schließen.

Astra selbst ist allerdings auch eine altehrwürdige und gediegene Marke. Das erste Bier wurde sogar noch ein Jahr vor dem Ende des Dreißigjährigen Krieges gebraut, allerdings hieß das traditionsreiche Getränk früher noch Bavaria. Die Namensänderung in Astra Urtyp fand 1909 statt, man wollte damals noch alles andere als schräg sein, sondern gab sich sehr norddeutsch und heimatverbunden.

Die Astra-Werbekampagne um den mackerhaften Slogan »Was dagegen?« wurde 1998 gestartet. Es war der letzte Versuch, die Eigenständigkeit der Brauerei zu bewahren. Allerdings ging der ziemlich schnell schief. 1999 wurde Astra von Holsten übernommen, die aber in ihrer Weisheit die Kampagne nicht beendeten, sondern das neue Astra-Image bis heute weiterführen. Den Herz-Anker, der jeden Astra-Kronkorken ziert, gibt es allerdings erst seit der Jahrtausendwende – obwohl der gerade so wirkt, als würde es ihn schon ewig geben.

Heute ist das milde, feinwürzige Astra das führende Bier im Großraum Hamburg. Da war es klar, dass der Urtyp nicht lange allein bleiben wird. 2006 kam Astra Rotlicht auf den Markt, mit sechs Prozent Alkohol, also mit deutlich mehr »Schmackes«, daneben gibt es als Winterbier Astra Arschkalt und für den Sommer Astra Nackt. Wenn die Vorliebe für etwas schlüpfrige oder leicht anzügliche Markennamen anhält, dürfte es nicht überraschen, wenn Holsten und/oder Carlsberg eines Tages eine Übernahme der amerikanischen Brauerei Schlitz anstrebten.

Adresse Holsten-Brauerei AG, Holstenstraße 224, 22765 Hamburg, Tel. 040/381010, www.astra-bier.de | **Bier-Steckbrief** Brauart untergärig, Alkoholgehalt 4,9 Prozent vol., Stammwürze 11,5 Prozent | **Öffnungszeiten** Wer an Brauereiführungen interessiert ist, der sollte bei der Mutterfirma Holsten nachsehen. Bei Astra gibt es auf der Webseite immerhin einen Shop mit diversen Fanartikeln. | **Tipp** Das braukünstlerisch ambitionierte Duckstein, die Holsten-Marke, die oberhalb der Stamm-Sorte positioniert ist.

12 Auer Helles

Im Herzen des Hopfenlandes

Wer eine Gerstensaft-Gemeinde sucht, in der auf kleinstem Raum erlebt werden kann, wie Bier idealerweise hergestellt und so genussvoll wie möglich getrunken wird, der sollte es mal in der Schlossbrauerei Au versuchen.

Das geht schon mit der Lage los. Das Schloss Au liegt mitten in der Hallertau, dem größten Hopfenanbaugebiet Europas. Dem weißen Schloss mit seinen Erkertürmen sieht man von Weitem an, dass es schon immer dafür gedacht war, so viel Spaß wie möglich zu haben. Im 16. Jahrhundert diente es den bayerischen Herzögen als Jagdschloss. Seit 1846 gehört es den Freiherren Beck von Peccoz, die 1880 dafür sorgten, dass das Gemäuer im Neo-Renaissance-Stil umgebaut wurde. Der das Schloss umgebende Garten wurde zur Wende vom 19. zum 20. Jahrhundert angelegt.

Wie es sich für die Gegend gehört, befindet sich in dem alten Gemäuer eine hochmoderne Brauerei, in der pro Tag bis zu 40.000 Liter Bier gebraut werden können. Naheliegenderweise wird das Aroma des Auer Helles von den hiesigen Hopfensorten »Hallertauer Perle« und »Hallertauer Hersbrucker« geprägt. Wenn ein Profi ein Bier konsumiert, schüttet er sich das übrigens nicht einfach so in den Rachen, sondern er spricht von drei Phasen. Antrunk, Rezenz und Nachtrunk. Der erste und der letzte Begriff erklären sich von selbst, mit Rezenz sind die Spritzigkeit und das Prickeln gemeint. Das Gegenteil von Rezenz ist das berühmte schale Bier im Vorgarten der Kneipe, das da schon seit Stunden halb ausgetrunken steht, ohne Schaum, nur mit einer ersoffenen Wespe an der Oberfläche.

Die Rezenz des Auer Helles ist dergestalt, dass sie »zum Weitertrinken« (Hausprospekt) anregt. Dieser Behauptung kann man schwerlich widersprechen. Wer dieser Lust frönen will, findet im Schloss vier Lokalitäten. Den klassischen Schlossbräukeller mit 160 Plätzen, das kleinere alte Sudhaus, die noch etwas kleinere Malztenne und im Sommer einen großen Biergarten.

Adresse Schlossbrauerei Au/Hallertau Willibald Freiherr Beck v. Peccoz GmbH & Co., Schlossbräugasse 2, 84072 Au, Tel. 08752/86320, www.auer-bier.de | **Bier-Steckbrief** Brauart untergärig, Alkoholgehalt 4,9 Prozent vol., Stammwürze 11,7 Prozent | **Öffnungszeiten** Schlossbräukeller Di–Do ab 17 Uhr, Fr–So ab 10 Uhr, Mo Ruhetag | **Tipp** Das bernsteinfarbene Weißbier des Hauses, welches zu Ehren des Hausherrn Willibald's Schlossweisse getauft wurde. Und das Dunkel erst …

13 Augustiner Edelstoff

Ein wahres Münchner Kindl

Rein technisch kann man den Münchner Augustiner Edelstoff so beschreiben: Ein helles Exportbier, das recht spritzig daherkommt. Exportbiere werden für lange Haltbarkeit gebraut, aber es ist fraglich, ob sich bei diesem Edelstoff – der seinen Namen übrigens völlig zu Recht trägt – das Problem der langen Haltbarkeit überhaupt stellt. Selbst größere Bestände dürften sich in überschaubaren Zeiträumen auf dem Gaumen des Konsumenten verflüchtigen und dort, so lange er noch konsumieren kann, wahre Hommagen auf das Hopfenaroma auslösen. Viele haben versucht, ihre Begeisterung in Worte zu fassen – was immer zu hören und vermutlich mehrheitsfähig ist: Es ist diese unbeschreibliche (okay, wir haben es zumindest versucht) Leichtigkeit, die dieses Getränk von so vielen Verwandten unterscheidet.

Da hätte es eines Superlativs, um die Erzeuger von den Wettbewerbern abzusetzen, gar nicht gebraucht, aber auch damit kann das Haus aufwarten. Der Augustiner Bräu ist die älteste noch arbeitende Brauerei in München. Die Anfänge gehen bis in das Jahr 1294 zurück. Damals dienten die Gemäuer, wie der Name vermuten lässt, als Kloster. Und wie das Jahr 1803 vermuten lässt, war es wieder mal Napoleon, der dafür sorgte, dass der Besitz des Klosters in die Hände des Staates überging. Man weiß nicht, ob der Superlativ haltbar ist, aber wenn man sich mit der Materie ein wenig beschäftigt, verfestigt sich der Eindruck, dass der Korse aus dem Weinland die Welt der Biertrinker mehr als jeder andere durcheinandergewirbelt hat.

1817 wurde die Brauerei dann vom Staat wieder in private Hände gegeben. Sie zog dann ein paar Mal wie ein lustiger Zecher um die Häuser, bis sie 1829 an der heutigen Adresse anlangte. Seit dieser Zeit ist sie auch im Besitz der Familie Wagner.

Wie es sich für eine Münchner Brauerei gehört, gibt es eigene Schankstuben und eine unübersehbare Präsenz auf dem Oktoberfest.

Adresse Augustiner-Bräu Wagner KG, Landsberger Straße 31–35, 80339 München, Tel. 089 / 519940, www.augustiner-braeu.de | Bier-Steckbrief Brauart untergärig, Alkoholgehalt 6,6 Prozent vol., Stammwürze 12,1 Prozent | Öffnungszeiten Es gibt in der Brauerei einen Laden, in dem man sich mit Merchandising und natürlich Bier eindecken kann. Mo–Fr 8–12 Uhr, Mo–Do 13–15 Uhr | Tipp Das Augustiner Oktoberfestbier. Genauso lecker, aber einen Tacken schärfer, weshalb man es auf keinen Fall unterschätzen sollte.

14 Ayinger Lager Hell

Das Land der Bayern mit der Seele suchend

Es gibt Münchner, die glauben, es sei Zeichen ihres Lokalpatriotismus, wenn sie erklären, einer der Vorzüge ihrer Heimatstadt ist es, dass man in zwei Stunden am Gardasee ist. Und es gibt Ayinger, die wissen, es ist Lokalpatriotismus, wenn sie verkünden: »Das Schönste an München ist die Straße nach Aying.« Zu den Ayingern, die dieses Bekenntnis seit mehr als einem Jahrhundert aus tiefster Überzeugung von sich geben, gehören die Mitglieder der Familie Inselkammer, ihres Zeichens Besitzer der Privatbrauerei Aying.

Ein großer Vorteil des Standortes der Gerstensaftschmiede besteht darin, dass Aying genauso aussieht, wie man sich ein Idyll vorstellt: Die Häuser des Dorfes überragt der schiefergraue Zwiebelturm St. Andreas, die Dächer leuchten karmesinrot in der Sonne, rund um den Ort erstrecken sich saftig grüne Wiesen. Wer sich in diesem Umfeld etwas anderes vorstellen kann, als eine Bierbrauerei, der hat sehr, sehr extreme Phantasie.

Genau wie der Riese Antäus aus der griechischen Sage immer wieder neue Kraft gewann, wenn er Verbindung mit seiner heimatlichen Scholle aufnahm, setzt auch die Ayinger Brauerei voll auf diese Karte. Ayinger sieht so aus wie Bayern, wird so hergestellt wie in Bayern üblich und schmeckt so, wie man es von bayerischem Bier erwartet.

Mit derart guten Trümpfen in der Hand sieht man dem Treiben der weltweiten Konkurrenz gelassen entgegen.

Als die Brauerei in Aying 1876 gegründet wurde, gab es in ganz Bayern mehr als 6.000 Betriebe in der Branche. Heute sind es noch etwa 700. Es spricht einiges dafür, dass die Familie Inselkammer mit ihrem Konzept so manches richtig macht.

Neben dem Lager gibt es im Portfolio der Brauerei noch andere interessante Produkte wie das Jahrhundertbier. Aber das Lager sei hier auch deshalb genannt, damit man erwähnen kann, wie es zu seinem Namen kam: Weil es, um zu reifen, lange gelagert wurde.

Adresse Brauerei Aying Franz Inselkammer KG, Münchener Straße 21, 85653 Aying, Tel. 08095/880, www.ayinger.de | **Bier-Steckbrief** Brauart obergärig, Alkoholgehalt 4,9 Prozent vol., Stammwürze 11,8 Prozent | **Öffnungszeiten** Besichtigungen Di 11 Uhr, Do 18 Uhr, Sa 10 Uhr | **Tipp** Nicht nur in der Nachbarschaft von München, sondern auch bei Nürnberg wird ein interessantes Lager gebraut: das Mönchsambacher Lagerbier der Brauerei Zehendner.

15 Barre Pilsener

Keine Barriere für gutes Bier

Reden wir zuerst über das Bier. Das Barre Pilsener ist eine Klasse für sich, hier wird zwischen Hopfen und Malz ein Spannungsbogen aufgebaut, der seinesgleichen sucht. Diese Meinung ist in der Regel mehrheitsfähig, auch bei routiniert kritischen Rezensenten, wobei allerdings mancher darauf verweist, dass dieses Bier warm merkwürdig schmecke. Was ein ziemlich merkwürdiger Hinweis ist, denn über welches Bier ließe sich nicht sagen, dass es warm eher merkwürdig schmeckt?

Die Barre-Brauerei steht seit Ewigkeiten in Lübbecke, einer Stadt im Norden Nordrhein-Westfalens, die genau auf der Grenze zwischen der Norddeutschen Tiefebene und dem Wiehengebirge angesiedelt ist. Gebirgsränder sind meist Wasserscheiden, so auch hier, wobei aber für die Bierbrauer vor allem die Quellen in den Bergen interessant sind. Hier ist die am Südrand der Stadt gelegene Brauerei ein Stück Heimat, was sich in vielfältigen Aktivitäten widerspiegelt. So gibt es für Sportfreunde einen Barre-Pilsener-Pokal, um den Fußballer aller Altersklassen kämpfen können.

Die älteste Pilsbrauerei Norddeutschlands befindet sich seit über 170 Jahren in Familienbesitz, und natürlich hat man längst gelernt, dass neben Hopfen, Malz, Hefe und Wasser die Erfahrung beim Bierbrauen zu den wichtigen Zutaten gehört. Das Pilsener ist immer noch das Hauptprodukt, es macht drei Viertel des Portfolios aus, den Rest belegen Mischgetränke und Sorten wie Weizen, Alt und Bock. Es mag Gegenden in Deutschland geben, in denen man noch nie etwas von Barre Pilsener gehört hat, aber in einer Region, die im Norden bis Hamburg, im Osten bis zur Elbe, im Westen bis Holland und im Süden bis Paderborn reicht, ist Barre ein Name, an dem man nicht vorbeikommt.

Bemerkenswert ist auch, dass es neben den üblichen Publikumsangeboten – Gasthaus, Souvenirshop und Museum – auch die Möglichkeit gibt, Ballonfahrten zu unternehmen.

Adresse Privatbrauerei Ernst Barre GmbH, Berliner Straße 122–124, 32312 Lübbecke, Tel. 05741/2304950, www.barre.de | **Bier-Steckbrief** Brauart untergärig, Alkoholgehalt 4,8 Prozent vol., Stammwürze 11 Prozent | **Öffnungszeiten** Gastraum Di–Sa 12–22 Uhr, So 10–14 Uhr Bauernfrühstück | **Tipp** Auch wenn mancher diesen Hinweis für Blasphemie halten mag: Quasi um die Ecke wird das Herforder Pils gebraut.

16 Beck's

Die Bremer Stadtbrauerei

Für Gelegenheitstrinker sehen viele Biere gleich aus, weshalb Werbeagenturen viel Geld dafür bekommen, eine Marke unverwechselbar zu machen. Manchmal klingen die Sprüche dann nicht sehr geglückt (siehe Radeberger), aber sie sind dann wenigstens einprägsam. Bei Beck's böte sich als Superlativ »das exportigste Bier Deutschlands« an, denn das ist das Beck's tatsächlich. Kein Bier wird so viel ins Ausland verschifft wie die Bremer Marke. In den 20er Jahren des letzten Jahrhunderts wurde Beck's ausschließlich für den Export gebraut, was zum einen erklärt, weshalb man der Brauerei das Apostroph im Namen problemlos durchgehen ließ und auch, dass die Bremer mit einigen Innovationen aufwarteten, die nicht jedermanns Geschmack sind. Weil Exportbier sich vor allem lange halten muss, führte Beck's schon früh Stahlfässer und die Pasteurisierung – die man bis dato nur von der Milch kannte – ein; und 1968 gab es eine Neuerung, die sich bald als großer Erfolg herausstellen sollte. In Deutschland kam das Sixpack auf den Markt, mittlerweile wird die Hälfte aller Flaschen in diesem Gebinde verkauft.

Beck's galt lange als typisches, »richtiges« Männerbier, aber mittlerweile gibt es hier wie anders auch die üblichen Gold- und Lemon-Variationen.

2001 wurde Beck's für 3,5 Milliarden Mark an den Weltkonzern Inbrew verkauft. Aus der Mark wurde inzwischen Euro und aus Inbrew der noch größere Weltkonzern Anheuser-Busch InBev. Zu dem Unternehmen gehören – unter anderem – Brauereien in Amerika, Belgien und Brasilien. Auch viele traditionelle Marken hierzulande gehören dazu. Es ist relativ einfach zu erkennen, ob eine deutsche Biermarke zu dem weltweiten Konglomerat gehört. Der Interessierte geht einfach auf die Webseite. Muss er dort ein Geburtsdatum eingeben, ist er bei InBev. Wird er nur gefragt, ob er mindestens 16 Lenze zählt, ist er bei der Konkurrenz.

Adresse Brauerei Beck GmbH & Co. KG, Am Deich 18/19, 28199 Bremen, Tel. 0800/52205200, www.becks.de | **Bier-Steckbrief** Brauart untergärig, Alkoholgehalt 4,9 Prozent vol. (0,2 Prozent mehr als früher!), Stammwürze 11,2 Prozent | **Öffnungszeiten** Die Firmenseite ist nicht sehr aussagekräftig. Mehr Informationen findet man in der Tourismusabteilung der Stadt unter www.bremen-tourismus.de/becks-brauereifuehrung | **Tipp** Haake-Beck Pils. Gehört schon länger zur großen Mutter und wechselte ebenso den Besitzer. Namentlich eng verwandt, aber dennoch mit eigenem Geschmack und Flair.

17_Berg Ulrichsbier

Ehre für einen Vorkämpfer

Bevor Ulrich St. Ulrich wurde, war er Bischof von Augsburg. Obwohl es damals im entstehenden deutschen Reich nicht unüblich war, gegen den obersten Herrscher zu stänkern, gehörte Ulrich zu denen, die dem König gegenüber loyal waren. Egal, ob König Otto I. oder Heinrich I., Ulrich stand ihnen mit Rat und Tat zur Seite. Sein großer lokaler Konkurrent war damals der bayerische Herzog Arnulf, der seinen Beinamen »der Böse« vermutlich redlich verdient hatte. Arnulf wollte der Kirche das Recht der Klosterweihe entziehen, und Bischof Ulrich wusste natürlich, dass das für ihn im günstigsten Fall den Vorruhestand, im ungünstigeren Verbannung oder Tod bedeutet hätte. Also kämpfte er mit dem Landesoberhaupt gegen die abtrünnigen Bayern und Schwaben. Aber das junge Reich war im Südosten auch durch Feinde bedroht. Regelmäßig kamen die Ungarn die Donau herauf und plünderten und forderten Tribut. Ulrich, der ein Mann Gottes war, aber mit beiden Beinen auf dem Boden der Tatsachen stand, sorgte dafür, dass der alte Palisadenschutzwall, der Augsburg umgab, durch eine Steinmauer ersetzt wurde. Das sorgte dafür, dass die Ungarn 955 bei der Schlacht auf dem Lechfeld viel mehr Krieger als geplant vor Augsburg einsetzen mussten und so am Ende geschlagen wurden. Insofern sind alle deutschen Biertrinker Ulrich zu Dank verpflichtet, denn ohne ihn würden sie heute vermutlich Tokajer trinken.

Die Bergbrauerei braut das Ulrichsbier für das in Augsburg alljährlich im Sommer stattfindende Ulrichsfest, auf dem der große Bischof und Bierbewahrer gefeiert wird. Allerdings geht es während der Festivitäten mittlerweile ganz schön weltlich zu, was unter anderem daran zu erkennen ist, dass hier auch mal eine Band spielte, die sich Sixpäc nennt.

Das Ulrichsbier ist ein »Braunbier«, das nach den Methoden der guten alten Zeit gebraut wird. Bevor es zum Ausschank kommt, lagert es lange und kühl.

Adresse Berg Brauerei Ulrich Zimmermann GmbH & Co. KG, Brauhausstraße 2, 89584 Ehingen, Tel. 07391/771710, www.bergbier.de | **Bier-Steckbrief** Brauart untergärig, Alkoholgehalt 5,3 Prozent vol., Stammwürze 12,7 Prozent | **Öffnungszeiten** Führungen gibt es durch ausgebildete weibliche Sommeliers Mo–Sa, Zwickelprobe inklusive | **Tipp** Ganz klar das Berg Original, weil man das Ulrichsbier nicht jeden Tag trinken kann.

18 Bergquell Kirsch Porter

Bier mit zwei Pferdestärken

Port-Bier kommt ursprünglich aus England, aber Genaueres weiß man über seine Herkunft nicht. Der Name stammt angeblich von der Beliebtheit des Bieres unter Trägern, aber selbst das ist nicht gesichert. Was man über das Herstellungsverfahren zu wissen glaubt, stammt aus einem Brief eines gewissen John Feltham, der aber nachweislich nicht viel Ahnung vom Brauen hatte. Verifiziert ist hingegen, dass beim Porter-Brauen im 19. Jahrhundert zum ersten Mal ein neuzeitliches Thermometer verwendet wurde, so konnten die Briten von nun an mit wissenschaftlicher Genauigkeit verhindern, dass ihnen aus Versehen ein gut gekühltes Bier serviert wurde.

Über die Ostsee breitete sich das Porter auch nach Deutschland aus, es galt immer als ein etwas stärkeres Bier für Leute, die für ihren Lebenserwerb schwer schuften mussten.

Nach dem Zweiten Weltkrieg führte die Biersorte in beiden Teilen Deutschlands ein Schattendasein. Im Westen gab es bald nur noch eine Brauerei, die diese Sorte herstellte, im Osten eine kleine Handvoll.

Als Steffen Dittmar 1999 die Geschäftsführung der Bergquell-Brauerei in Löbau übernahm, beschloss er, die Tradition des Porter-Brauens wiederzubeleben; dazu noch einige einzuführen, die es vorher so noch gar nicht gegeben hatte. Die Bergquell-Brauerei existierte in der Stadt schon seit Jahrhunderten am Hauptplatz, hatte aber früher kein Port-Bier produziert. Dazu kam es erst nach dem Umzug der Fabrik 1996 in ein neues Gewerbegebiet. So mancher hat seine Vorbehalte gegen Biere mit Fruchtzusätzen, aber das Kirsch Porter kann helfen, Vorurteile abzubauen. In der Brauerei werden neben dem Kirsch Porter noch zwölf andere Sorten gebraut; alles hochmodern, wenn auch die Auslieferung in der Stadt ganz traditionell mit Pferdewagen und Bierkutschern erfolgt, die die auf alt getrimmten Brauereiwagen steuern, die wie früher von zwei stämmigen Kaltblütern gezogen werden.

Adresse Bergquell-Brauerei Löbau, Weststraße 7, 02708 Löbau, Tel. 03585/47470, www.bergquell-loebau.de | Bier-Steckbrief Brauart obergärig, Alkoholgehalt 4,2 Prozent vol., Stammwürze 13 Prozent | Öffnungszeiten Es gibt keine Brauereiführungen, dafür aber Ballonfahrten, Rundflüge in Leichtflugzeugen und Lieferfahrten mit einer umgebauten Trabi-Flotte. Die Informationen darüber finden sich auf der Webseite. | Tipp Das Pilsener des Böhmischen Brauhauses Großröhrsdorf. Es soll sogar von Tschechen aus der Nachbarschaft getrunken werden.

19_Berliner Weiße

Populäre Preußenlorke

Berliner Biere bewegen sich zwar schon im Rahmen der Trinkbarkeit, aber sie waren so gut wie nie legendär. Weswegen sie von Zugereisten früher in der Regel nicht ins Herz geschlossen wurden. Die brachten ihre eigenen Marken mit und hielten ihnen weiterhin die Treue. Erst als Berlin zur kontinentalen Trendstadt ausgerufen wurde, änderte sich das. Wer in die Stadt einflog, um Party zu machen oder ein Leben zu führen, von dem er glaubte, es sei irgendwie kreativ, der musste natürlich auch beim Biertrinken in der U-Bahn oder im Park zeigen, dass er Berliner ist. So erlebten Biermarken, die die Bezeichnung »Berliner« im Titel führten, einen Boom und standen plötzlich für eine Ortsverbundenheit, die es so noch nie gab.

Ein Missverständnis, welches insofern passend ist, weil auch die typisch berlinische Bierspezialität durch einen Irrtum entstanden ist. Dem Vernehmen nach war es die Brauer-Legende namens Cord Broyhan, die 1526 ein Bier aus Hamburg kopieren wollte. Dabei ging aber einiges schief. Doch Berliner Brauer nahmen Broyhans Getränk, entwickelten es weiter, und 1680 wurde die Berliner Weiße zum ersten Mal erwähnt.

Da Berliner Weiße pur nicht unbedingt für jedermann eine Delikatesse ist – Verächter sprachen einst despektierlich von Preußenlorke –, wurde das Bier immer versetzt. Im 19. Jahrhundert, als das Publikum überwiegend erwachsen und männlich war, mit Schnaps. Mit dem Aufkommen der Ausflugslokale machte das Getränk einen Imagewandel durch. Spezielle Gläser kamen auf, die in ihrem Boden eine kleine Vertiefung hatten, in die genau ein Schnapsglas Himbeer- oder Waldmeistersirup passte. Das so entstandene Getränk sah nun bunt aus, zog aber, weil es eher säuerlich als süßlich roch, nicht so viele Wespen an wie Limonade. Damit stand dem Siegeszug des Gebräus in den Ausflugsgaststätten der Stadt und des Umlands nichts mehr im Weg Und die nun rot oder grün oder ganz anders gefärbte Berliner Weiße wurde ein populäres Getränk für Groß und Klein.

Adresse Berliner-Kindl-Schultheiß-Brauerei GmbH, Indira-Gandhi-Straße 66–69, 13053 Berlin, Tel. 030/96090, www.berliner-kindl.de | **Bier-Steckbrief** Brauart obergärig, Alkoholgehalt 2,8 Prozent vol., Stammwürze 7,5 Prozent | **Öffnungszeiten** Für Brauereiführungen kann man sich auf der Webseite oder telefonisch unter 030/9609579 anmelden. | **Tipp** Die goldgelbe Potsdamer Stange aus der Braumanufaktur in der brandenburgischen Landeshauptstadt (www.braumanufaktur.de).

20 Bischoff Premium Pilsener

Elwes has left the building

Bischoff Bier ist besonders. Das gilt nicht nur für das Pils und das Falkensteiner Weizen, sondern auch für das Donnersberger Dunkel. Wer die Marke allerdings noch nicht kennt, der sollte einfach mal mit dem Pils anfangen – die Chancen stehen gut, dass er da eine ganze Zeit beschäftigt sein wird.

Und bei all dem guten Geschmack hat man auch immer was fürs Auge, denn die Halbliterflaschen werden konsequent nur mit Schraubverschlüssen ausgeliefert.

Ein weiterer Aspekt dieser altehrwürdigen Familienbrauerei – die seit 2014 mit der Karlsberg Brauerei aus Homburg (siehe Zischke Kellerbier, S. 230) beim Vertrieb zusammenarbeitet – ist, dass sie nicht nur beim Brauen, sondern auch beim Vermarkten eine Pfiffigkeit an den Tag legt, die man bei Unternehmen dieser Kategorie nicht so häufig findet.

Beispiele gefällig? Fußball und Bier gehen Hand in Hand, aber haben bei Fußball Big Business nur große Brauereien eine Chance?

Falsch.

Bei Bischoff gibt es ein Fritz-Walter-Bier, welches an den Kapitän der ersten deutschen Weltmeister-Elf erinnert und so die strengen Sponsoren-Regeln austanzt. Da Fritz Walter am besten bei Regen spielte, könnten böse Zungen unken, es sei vielleicht etwas wässrig, aber hey – es ist von Bischoff, okay? Da ist der gute Geschmack selbstverständlich inbegriffen.

Eine weitere angenehme Facette ist die Begabung der Bierbrauer, um die Marken Geschichten zu spinnen. So gibt es eine Sage um eine Bäuerin namens Anna Steinbrecher, die von einem Gewitter überrascht wurde und sich dabei um ihre Elwedritschen (ein Phantasievogel, der so aussieht wie ein Huhn mit Eselsohren, umgangssprachlich auch Elwes genannt) kümmern musste, was ihr dann Jahrhunderte später dazu verhalf, Namenspatin eines Bischoff-Bieres zu werden. Man kann es auch schlechter treffen im Leben.

Adresse Privatbrauerei Bischoff GmbH & Co. KG, An den Hopfengärten 6, 67722 Winnweiler, Tel. 6302/9120, www.bischoff-bier.de | **Bier-Steckbrief** Brauart untergärig, Alkoholgehalt 4,7 Prozent vol., Stammwürze 11 Prozent | **Öffnungszeiten** Einen persönlichen Überblick über alle 20 Sorten des Hauses kann man sich verschaffen: Mo–Do um 9 und 14 Uhr, aber bitte vorher anrufen. | **Tipp** Das Landbier Bischoff Steinbrecher Original. Die flüssig gewordene Legende um die verflossene Anna Steinbrecher.

21 Bitburger Premium Pils

Das Vier-Sterne-Bier

Wenn vom Bitburger die Rede ist, dann sind Superlative nicht weit. Das Bit ist das beliebteste Fassbier der Deutschen, das meistgezapfte Premium Pils, und wenn Fachleute von dem Getränk schwärmen, verwenden sie Formulierungen wie »helles, frisches Goldgelb«, um die Farbe zu beschreiben, und schwärmen von der »üppigen Schaumkrone«, den »feinen Kräuteraromen« und den »nussigen und honigartigen Noten«. Man könnte auch einfach sagen, das Bitburger schmeckt gut und sieht gut aus, aber das wäre natürlich nicht halb so blumig.

Der Erfolg versetzte das am Anfang des 19. Jahrhunderts in der Eifel gegründete Familienunternehmen nicht nur in die Lage, alle Übernahmeversuche feindlicher Konkurrenten abzuwehren, die Bitburger konnten auch selbst ausgiebig auf Shoppingtour gehen. Zur Bitburger Holding gehören heute – unter anderem – König Pilsener, Licher, Köstritzer und Wernesgrüner. Alles respektable, angesehene Marken, aber keine spielt in derselben Liga wie die Mutterfirma.

Die Popularität des Bitburger Bieres hat sicherlich nicht nur mit der Qualität des Getränks zu tun, sondern auch mit dem Engagement als Sponsor bei Sportereignissen. Ob der – maßvolle – Biergenuss sich mit körperlicher Ertüchtigung verträgt oder nicht, darüber wird alle Jubeljahre mal wieder diskutiert, aber dass die Präsenz von Biermarken ein nötiges Accessoire von Sportereignissen ist, das bestreitet niemand. Wie der große Münchner Sozialphilosoph Karl-Heinz Rummenigge einst bemerkte: »Fußball, Bier und Bratwurst – das gehört einfach zusammen.« Bitburger unterstützt die Trierer Miezen, eine Frauenhandballmannschaft, die es sogar in die erste Bundesliga geschafft hat.

Wenn das Team Erfolge feiert, wird auch der Name des Sponsors bekannter; Experten sprechen hier von einer Win-win-Situation. Wie man hört, soll sich auch das Engagement der Bitburger im Männerfußball gelohnt haben.

Adresse Bitburger Braugruppe GmbH, Römermauer 3, 54634 Bitburg, Tel. 06561/140, www.bitburger.de | Bier-Steckbrief Brauart untergärig, Alkoholgehalt 4,8 Prozent vol., Stammwürze 11,3 Prozent | Öffnungszeiten Es gibt nicht nur Führungen, sondern eine richtige Erlebniswelt, täglich 10–18 Uhr, So ab 11 Uhr | Tipp Ein Besuch der Bierstube in den Blesius-Gärten in Trier nebst eigener Brauerei.

22 BraufactuM Clan Ale

Beim Brauen der Zaubertränke

Man soll ja nicht trinken und fahren, aber manchmal hilft eine Analogie aus der Automobilwelt weiter. Wer früher einen dicken BMW oder PS-starken Mercedes hatte, aber noch etwas mehr Tinte auf dem Füller haben wollte, der ging zu einem dieser Daniel-Düsentriebe, die sich darauf spezialisiert hatten, aus den Boliden noch ein paar PS mehr rauszuholen. Was natürlich den Originalherstellern nur bedingt gefiel. Dass das Image ihrer Produkte dadurch noch rasanter wurde, dagegen hatten sie nichts einzuwenden, aber die Profite für die Spitzenmodelle hätten sie auch gern selbst gemacht. Weswegen es eben seit geraumer Zeit bei BMW die M-Reihe und bei Mercedes den hauseigenen Schrauber AMG gibt.

Seit 2010 gibt es unter dem Dach der Radeberger Gruppe die Frankfurter Biermanufaktur BraufactuM. (Hinter dem Namen steht der Manufakturgedanke, also M wie Manufaktur, es geht um die Handwerkskunst beim Bierbrauen.) Während ansonsten in der Brauwelt Traditionen hochgehalten werden und man einen großen Stolz darauf entwickelt, dass trotz aller Wechselfälle des Lebens das Produkt immer unverändert (gut) geblieben war, geht es bei BraufactuM darüber hinaus darum, unbekanntes Territorium zu erforschen, Gelände, auf das sich noch kein Brauer zuvor gewagt hat.

So gut wie mit allen Komponenten wird experimentiert. Das geht bei den Gärbottichen los und hört bei den Lagerbehältnissen noch lange nicht auf. Und da können die Bottiche eben auch mal aus Schiefer oder seltenen Edelstahllegierungen sein, und bei der Lagerung im Fass gibt es so viele Möglichkeiten, wie es Holzsorten gibt.

Das altenglische Ale war ursprünglich die Biersorte, die im Vergleich zu den deutschen und tschechischen Bieren stark verloren hatte. Das BraufactuM Clan soll der Sorte helfen, verlorene Sympathien zurückzubringen. Es ist recht stark und wird ausschließlich mit englischem Aromahopfen gebraut.

Adresse Die Internationale Brau-Manufacturen GmbH, Darmstädter Landstraße 185, 60598 Frankfurt am Main, Tel. 0180/3383433, www.braufactum.de | **Bier-Steckbrief** Brauart obergärig, Alkoholgehalt schwankt um 6 Prozent, Stammwürze schwankt nach Alkoholgehalt, mindestens 12 Prozent | **Öffnungszeiten** Leider gibt es keine Führungen oder Besichtigungen. | **Tipp** Das leckere Braustüb'l Pilsener aus der Darmstädter Privatbrauerei, ganz konventionell, aber gut.

23 Braunschweiger doppelte Segelschiff Mumme

Das Malz des Kolumbus

Um die Braunschweiger Mumme ranken sich viele Legenden. Angeblich soll das Bier zum ersten Mal 1492 gebraut worden sein, genau in dem Jahr also, als Kolumbus mit seinen drei Karavellen nach Indien aufbrach und in Amerika landete. Was den damaligen Geschmack betrifft, gehen die Quellen auseinander. Einige behaupten, die Mumme habe damals so schrecklich geschmeckt, dass nur abgehärtete Braunschweiger Mägen sie konsumieren konnten. Andere sagen, sie sei so bekömmlich gewesen, dass sie von Ärzten sogar als Medizin bei Magenleiden verschrieben wurde.

Auf jeden Fall ist es eine Tatsache, dass die Braunschweiger Mumme schnell bei Seefahrern beliebt wurde. Sie galt als Wundermittel gegen Skorbut, als Trost gegen Heimweh, und wenn man den ganzen Kladderadatsch mal vergessen wollte, war die Mumme auch gut. Damals wurde sie als Starkbier mit einem Alkoholgehalt gebraut, der jeden außer den stärksten Seeleuten auf die Planken haute.

Es waren vor allem Fahrensleute, die in den darauffolgenden Jahrhunderten der Flasche mit dem Segelschiff auf dem Etikett die Treue hielten. Braunschweiger Mumme gilt als der erste weltweite kulinarische Exportschlager der Stadt. Matrosen brachten das Getränk bis nach Indien und in die Karibik. Wobei sich natürlich als vorteilhaft erwies, dass die Mumme auch äußerst haltbar war.

Im 19. Jahrhundert begann eine Periode der Harmlosigkeit. Der Alkoholgehalt des Gebräus wurde heruntergefahren. Die Mumme war fortan ein Malzbier, welches vor allem zum Aufpäppeln kranker Kinder benutzt wurde. Ob die Alkoholreduktion zum Niedergang beigetragen hat? Auf jeden Fall ist von den vielen Mumme-Brauereien in Braunschweig nur noch eine übrig geblieben. Doch die sollte mit ihrem Know-how und ihrem Traditionsbewusstsein für lange Zeit dafür sorgen, dass die Mumme nicht mehr in Vergessenheit gerät.

Adresse H. Nettelbeck KG, Leipziger Straße 184, 38124 Braunschweig, Tel. 0531/610876, www.bs-mumme.de | **Bier-Steckbrief** Brauart obergärig, Alkoholgehalt 5,2 Prozent vol., Stammwürze 12 Prozent | **Öffnungszeiten** Brauereiführungen gibt es so weit bekannt nicht, aber auf der Webseite einen Onlineshop, wo man sich auch mit Mumme-Rezepten versorgen kann. | **Tipp** Niemand mummt für sich allein: Auch das Brauhaus Lohberg in Wismar hat eine Mumme im Angebot.

24 Bruch's No. 1

Die Erste am Platz

In Saarbrücken Bier zu brauen ist nicht ganz leicht, gleich hinter der Grenze lockt der Franzose mit Wein, guter Küche und Lebensqualität. Wenn man dagegenhalten will, dann muss man sich schon was einfallen lassen.

Die Brauerei G. A. Bruch wurde 1702 gegründet. 1685 hatte Ludwig XIV. mal nicht einer Mätresse eine Anweisung erteilt, sondern den Saarländern. Sie sollten in Dillingen eine Eisenverhüttung aufbauen. Was die dann auch taten, aber wenn der welsche Herrscher gedacht hatte, seine saarländischen Untertanen würden ihren Durst nach der Arbeit mit Wein stillen, dann hatte er sich geirrt. Die Dillinger griffen – und neben ihnen immer mehr Saarländer – zum Bier von Bruch. Was zur Folge hatte, dass beide Unternehmen bis heute noch bestehen. Die Dillinger Hütte als das älteste Unternehmen und die Bruch-Brauerei als die Nummer zwei in der Stadt. In Saarbrücken ist das Unternehmen nicht nur durch seine Getränke bekannt, sondern auch durch das Brauereifest, welches 1976 durch den damaligen Bundeskanzler Helmut Schmidt eröffnet wurde.

Wie es sich für Unternehmen mit derart langer Tradition gehört, wird das Bruch's No. 1 in einem Familienbetrieb hergestellt. Thomas Bruch leitet die Firma in der achten Generation, wo man unter anderem die Angewohnheit hat, über neue Ideen in einem Restaurant namens Stiefel Bräu nachzudenken. Was einerseits eine gute Idee ist, das Ambiente ist mit Sicherheit inspirierend, andererseits zeugt diese Routine auch von einem großen Herzen, denn das Stiefel Bräu stellt auch eigenes Bier her. Aber natürlich stehen die Spezialitäten aus dem Hause Bruch ganz oben auf der Karte.

Das Bruch's No. 1 ist das Spitzenprodukt des Hauses. Es dürfte das einzige deutsche Bier sein, welches mit Gerste aus der französischen Champagne gebraut wird. Dass es einmal so weit kommt, das hätte sich der olle Ludwig im 17. Jahrhundert wohl auch nicht träumen lassen.

Adresse Brauerei G. A. Bruch, Scheidter Straße 24–42, 66123 Saarbrücken, Tel. 0681/936360, www.bruchbier.de | **Bier-Steckbrief** Brauart untergärig, Alkoholgehalt 4,8 Prozent vol., Stammwürze 11,5 Prozent | **Öffnungszeiten** Es gibt keine Brauerei-Besichtigungen, deshalb sei auf das Stiefel Bräu verwiesen (Am Stiefel 2), wo es eine große Auswahl an Bruch-Bieren gibt. Mo–Sa 11.30–1 Uhr, So 17.30–23 Uhr. | **Tipp** Das Park-Pils aus Pirmasens mit der schneeweißen Schaumkrone und der trockenen Hopfennote.

25 Bucher Bräu Helles

Brauen, wo andere Urlaub machen

Auf dem Etikett des Bieres lehnen zwei wackere Braunbären Rücken an Rücken an dem Wappen des Hauses, aber davon sollte man sich nicht in die Irre führen lassen. Das Bucher Bräu gehört definitiv nicht zu den Problembären unter den Bieren. Die Bären sind auf das Wappen gekommen, weil Grafenau als Bärenstadt gilt, obwohl – Bruno und seinen Kollegen zum Trotz – derzeit dort genauso wenig Bären gesehen werden wie in Berlin, das ja auch einen Meister Petz in seinem Wappen führt.

Grafenau ist ein anerkannter Luftkurort, in der Stadt gibt es einen Kurpark und ein Bauernmöbelmuseum, was möglicherweise keine Attraktionen sind für die man extra eine kilometerweite Anreise unternimmt, aber die umliegende Landschaft ist auf jeden Fall eine Reise wert.

Der Bayerische Wald wurde 1970 als erster in Deutschland zu einem Nationalpark erklärt. Hier hat man so viel Wald auf einmal wie sonst nirgendwo in Deutschland. 243 Quadratkilometer, um genau zu sein, dazwischen 320 Kilometer Wanderwege und mehr als halb so viel Langlaufloipen.

Die Leute vom Bucher Bräu haben also einen entscheidenden Vorteil. Sie können dort ihrer Arbeit nachgehen, wo viele andere Leute am liebsten Urlaub machen würden.

Dass die Region einen derart großen Erholungswert hat, schlägt natürlich auf die Rohstoffe beim Bierbrauen durch. Alles ist erstklassig naturbelassen und soll es auch bleiben. Das Bucher Bräu geht sorgsam mit seinen Rohstoffen um und versorgt sich vorwiegend aus der Region. Da es sich hier um eine echte Familienbrauerei handelt, legt man auf großes Marketing-Getöse oder Expansionsgelüste keinen Wert. Wer mehr über die Brauerei und ihre Geschichte erfahren will, soll am besten das Bier trinken. Es gibt nicht nur das Helle, sondern auch Weizenbiere, aber für uns erzählt das milde, malzige Helle mit seinem besonderen Hopfengeschmack die besten Geschichten.

Adresse Bucher Bräu Grafenau GmbH & Co. KG, Elsenthaler Straße 5 – 7, 94481 Grafenau, Tel. 08552/40870, www.bucher-braeu.de | **Bier-Steckbrief** Brauart obergärig, Alkoholgehalt 4,9 Prozent vol., Stammwürze 12 Prozent | **Öffnungszeiten** Brauereiführungen Di 13 Uhr, Voranmeldung bis Mo um 16 Uhr | **Tipp** Der mahagonifarbene, vollmundige Jandelsbrunner Doppel-Bock aus – genau – Jandelsbrunn.

26 Camba Pale Ale

Die Camba vom Chiemsee

Welche Biere die Camba Bavaria im Programm hat, lässt sich gar nicht so einfach aufschreiben, weil zum einen die Brauerei noch sehr jung ist und weil sie zum anderen ihre Produktpalette manchmal im Wochentakt verändert. Ursprünglich war die ganze Anlage als Brautechnikum geplant. Die Fabrik steht auf historischem Grund; die Mühle gehörte 1875 zur Baumberger Klosterbrauerei, aber ansonsten ist in dieser Brauerei alles hochmodern und vollautomatisch. Was unter anderem den Vorteil hat, dass man Schwadroneuren mit beiläufigen Bemerkungen über das raffinierte Würzkochsystem Smart Boil oder den Rührflügel GentleMix elegant den Wind aus den Segeln nehmen kann. Und wenn man dann noch darauf verweist, dass die hier entwickelte Technik in vielen amerikanischen Craft-Bier-Brauereien verwendet wird, sollte das Gegenüber verstummen und einfach nur trinken.

Geschäftsführer Markus Lohner merkte schnell, dass so eine tolle Anlage nur zum Ausbilden viel zu schade ist. So wurde die Camba Bavaria gegründet. Der Name der Brauerei speist sich aus zwei Quellen. Zum einen bezeichnete Camba früher in den Klöstern die Back- und Braustätte; zum anderen steht das Wort im Keltischen für Braupfanne.

Als erstes eigenes Bier wurde hier ein Lager Hell gebraut. Ein klares Bekenntnis zu den bayerischen Wurzeln, aber ansonsten ist das Programm vielfältig und international. Derzeit stellt die Camba Bavaria 40 Biersorten her, darunter auch Ale-Sorten wie das Pale, welches nach Mango und Maracuja duftet. Trotz dieser exotischen Aromen ist es aber ein bayerisches Bier.

Damit keine Missverständnisse aufkommen. Wer Kunde der Camba Bavaria werden will, betritt den Hochpreisbereich. Es gibt Flaschen, die sich im Preis mit Champagnersorten messen können. Die Brauerei selbst ist auch etwas abgelegen. Ein Besuch lohnt sich aber auf jeden Fall, allein schon wegen der Verkostungen und des Hax'n-Essens.

Adresse Camba Bavaria GmbH, Mühlweg 2, 83376 Truchtlaching, Tel. 08667/809466, www.cambabavaria.de | **Bier-Steckbrief** Brauart obergärig, Alkoholgehalt 5,2 Prozent vol., Stammwürze 12,1 Prozent | **Öffnungszeiten** Auf dem Gelände der Brauerei gibt es ein »Ladl«, wo es neben Getränken und T-Shirts auch Biersalz und Biersenf gibt, Mo–Fr 10–18 Uhr und Sa 10–13 und 17–19 Uhr. | **Tipp** Das Härle Gold von Clemens Härle aus Leutkirch; ein ähnlich ambitioniert und kundig hergestelltes Getränk.

27 Colbitzer Pils

Bier ist in der Heide, in der Heide ist Bier

Die Colbitzer Heide, die sich nördlich von Magdeburg bis ins Wendland zieht, ist nicht nur die größte Heidelandschaft in Mitteleuropa, sondern auch Heimat der Colbitzer Brauerei. In ländlicher Beschaulichkeit – es gibt keine Ecke Deutschlands, in der man so weit von einem Autobahnanschluss entfernt ist wie hier – wurde hier seit Jahrhunderten Bier gebraut. Zuerst eine lokale obergärige Spezialität namens »Puparsch Knall«, die gar nicht erst in Flaschen, sondern direkt vom Brauereiwagen in die Kannen der interessierten Kundschaft gefüllt wurde.

Überregional konnte sich diese Spezialität allerdings nicht durchsetzen, was damit zusammenhängen könnte, dass man sich einigen Mut antrinken musste, bevor man es fertigbrachte, dieses Bier zu bestellen.

Seit der Gründung 1872 befand sich die Brauerei in Familienbesitz. In der DDR wurde das Unternehmen in zwei Wellen enteignet, nach der Wiedervereinigung bekamen die Enkel der ursprünglichen Besitzer die Brauerei rückübertragen. In der Folge wurde das Sortiment erweitert und die Anlage modernisiert. Die Hoffnungen waren groß, dass man es als kleines unabhängiges Unternehmen auch durch die Untiefen des 21. Jahrhunderts schaffen würde.

Im Sommer 2012 wurde das 140. Betriebsjubiläum gefeiert. Lokale Politprominenz stellte sich ein, selbst ein neuer improvisierter Werbespruch war zu hören: »Autobahn eins vier, das beste Bier kommt von hier.« Hier schwang ziemlich deutlich die Erwartung mit, dass eine bessere Anbindung auch helfen könnte, die Produkte der Brauerei landesweit bekannter zu machen. Allerdings soll die Lücke zwischen Schwerin und Magdeburg erst 2020 geschlossen werden. So lange konnte man in Colbitz nicht warten. Im Herbst 2012 ging das Unternehmen insolvent und wurde ein Jahr später von einer Braunschweiger Brauerei übernommen, unter deren Regie das Colbitzer Pils in bewährter Qualität weiter gebraut wird.

Adresse Colbitzer Heide-Brauerei GmbH, Brauereistraße 1, 39326 Colbitz, Tel. 039207/88112, www.colbitzer-heidebrauerei.de | **Bier-Steckbrief** Brauart untergärig, Alkoholgehalt 4,9 Prozent vol., Stammwürze 11,2 Prozent | **Öffnungszeiten** Von Besichtigungen et cetera ist nichts bekannt. | **Tipp** Ein Besuch im Landgasthof Demmert in 38486 Neuendorf. Das Haus verbindet Braukunst mit Erlebnisgastronomie.

28 Commerzienrat Riegele Privat

Wie war Commerzienrat Riegele privat?

Je mehr man über Titel und Auszeichnungen weiß, desto stärker verlieren sie an Glanz. Nehmen wir zum Beispiel den berühmten Stern auf dem Hollywood Boulevard in Los Angeles, der immer wieder an große Namen verliehen wird, die sich dann gerührt und glücklich zeigen, weil sie die halbstündige Rede des Handelskammerpräsidenten überstanden haben. Dabei wird gern übersehen, dass man für die Auszeichnung bezahlen muss. In der Regel schicken Freunde (lies: Agenten) des Schauspielers eine Anfrage an die Handelskammer der Stadt, beschwören, dass der Star die Auszeichnung ganz gewiss annehmen wird, und nach der Überweisung einer Bearbeitungsgebühr von zurzeit etwa 30.000 Dollar ist es dann so weit: Der Star kann vor seine Fans treten und sich ganz gerührt zeigen über so viel Ehre.

Nicht ganz unähnlich lief es früher beim Commerzienrat. Dieser Titel galt im Kaiserreich als untrügliches Zeichen dafür, dass man es »geschafft« hatte. In der Regel hatte der so Gesalbte über eine Stiftung beträchtliche Summen dem Gemeinwohl zur Verfügung gestellt, worauf ihm dann der Titel verliehen wurde. Besondere Leistungen oder Qualifikationen verbanden sich mit der Auszeichnung nicht. Weshalb sie in Deutschland nach Abdankung des Kaisers abgeschafft wurde. Heutzutage gibt es sie nur noch in Österreich.

Als dem Brauer Sebastian Riegele senior dieser Titel verliehen wurde, war er ein gemachter Mann. Zuvor hatte er 1884 die Brauerei »Zum Goldenen Ross« erworben und aus ihr das Haus gemacht, welches noch heute seinen Namen trägt. Dass der Commerzienrat Riegele noch heute in aller Munde ist (und zwar vielfach im wahrsten Sinne des Wortes), liegt an der Qualität des Bieres, dessen besonderen Geschmack die Hersteller auch auf ihr raffiniertes Verfahren der Spelzentrennung (wie die Hülle vom Korn wegkommt) zurückführen. Und diese Qualität ist mehr wert als alle Titel der Welt.

Adresse Brauerei S. Riegele Inh. Riegele KG, Fröhlichstraße 26, 86150 Augsburg, Tel. 0821 / 32090, www.riegele.de | **Bier-Steckbrief** Brauart untergärig, Alkoholgehalt 5,2 Prozent vol., Stammwürze 12,6 Prozent | **Öffnungszeiten** Es gibt eine Bier-Kult(o)ur durchs Sudhaus. Sie dauert circa 1 Stunde und kostet 14,50 Euro. Auf der Webseite gibt es ein Anmeldeformular. | **Tipp** In der hauseigenen Braumanufaktur werden so klangvolle Spezialsorten wie Simco 3 (aus amerikanischem Hopfen) oder Dulcis 12 (doppelte Gärung im belgischen Stil) hergestellt.

29_DAB Export

Von Dortmund in die Welt

Im Schnitt gingen in den letzten Jahren so um die zehn Prozent der deutschen Bierproduktion in den Export. Insgesamt etwa 15 Millionen Hektoliter. Wobei man sich hier natürlich um die Präzision des Begriffs Export streiten kann. Wenn eine deutsche Brauerei einem internationalen Konglomerat gehört, könnte man genauso gut von Re-Importen sprechen. Sei es, wie es sei, die Ausfuhr wird immer wichtiger. Jahrzehntelang lieferten sich die Deutschen und die Tschechen (früher noch in Zusammenarbeit mit den Slowaken) ein Kopf-an-Kopf-Rennen beim jährlichen Pro-Kopf-Verbrauch. Zeitweise pendelte er in beiden Ländern um die Marke von 140 Litern. Die wird jedoch hierzulande längst nicht mehr erreicht, während man in Tschechien inzwischen bei 150 Litern angekommen ist. Natürlich versucht die Brauereiwirtschaft der einst führenden Exportnation, diesen Rückgang im Ausland zu kompensieren, allerdings nur mit überschaubarem Erfolg. Es gibt Länder wie Holland, die eine ziemliche Menge deutschen Bieres einführen – und überraschenderweise steigt der Anteil Italiens kontinuierlich –, aber vermutlich wird man in Zukunft weiter auf Versionen mit Gold, Lemon et cetera setzen, um neue Zielgruppen (lies: Frauen) zu erschließen.

Und früher, da war das sowieso anders. Da war Export keine Branche, sondern nur eine Bezeichnung für ein besonders lange haltbares Bier. Und zu den besonderen Exporten gehörte DAB Export der Dortmunder Aktienbrauerei. In den 70er Jahren des 19. Jahrhunderts war die Konkurrenz in Dortmund groß, viele Bergleute tranken viele Sorten Bier, weshalb man sich frühzeitig auf den Export spezialisierte und schon 1879 vermelden konnte, dass das DAB auf der ganzen Welt, von Amerika über Japan bis nach Australien, getrunken wurde. Inzwischen hat sich das DAB selbst exportiert – es gehört zur Radeberger Gruppe –, aber dafür gibt es vor Ort nur noch zwei Konkurrenten.

Adresse Dortmunder Actien-Brauerei GmbH, Steigerstraße 20, 44145 Dortmund, Tel. 0231/84000, www.dab.de | **Bier-Steckbrief** Brauart untergärig, Alkoholgehalt 5,0 Prozent vol., Stammwürze 11,8 Prozent | **Öffnungszeiten** Es gibt nicht nur Führungen durch Dortmunder Brauereien unter www.brauereierlebnis-dortmund.de, sondern auf der Webseite auch einen Bildschirmschoner. Tja, es gibt sie noch, die guten alten Dinge! | **Tipp** Das trinkenswerte Hövels Original aus der kleinen, aber feinen Hövels Hausbrauerei in Dortmund.

30 Dachsenfranz Dunkel

Im Namen des Wilderers

Die Biermanufaktur Dachsenfranz befindet sich seit mehreren Generationen im Besitz der Familie Werner. Als bis vor ein paar Jahren noch Herbert Werner die Amtsgeschäfte führte, kam es immer wieder vor, dass er von flüchtigen Lesern bei der Anrede mit einem führenden SPD-Politiker verwechselt wurde. (Kleiner Tipp: Es war nicht der ehemalige Bundeskanzler Willy Brandt.) Doch ohne die Verballhornung und Verwechslung von Namen wäre auch die Biermanufaktur nie zu ihrem Namen gekommen.

Der Dachsenfranz war ein Italiener, der in seiner Muttersprache auf den Namen Francesco Regali hörte. In den 40er Jahren des 19. Jahrhunderts gehörte er zu den Freiheitskämpfern, die sich um Garibaldi geschart hatten. Allerdings musste er nach einer Auseinandersetzung mit einem Vorgesetzten fliehen und kam so eines Tages in Deutschland an.

Im Kraichgau richtete er sich in Erdhöhlen ein und jagte neben Dachsen auch noch andere Raubtiere, deren Felle er an die Bauern verkaufte. Sie mochten den hünenhaften Zuwanderer, er wurde sogar eine Art Prominenter, dessen Antlitz tatsächlich auch auf Postkarten verewigt wurde. Doch eines Tages war er so plötzlich, wie er gekommen war, verschwunden, und alles, was von ihm heute noch geblieben ist, ist der Name Dachsenfranz für die Schankstube.

Die Biermanufaktur ging aus der Adlerbrauerei hervor, der 1832 das Braurecht verliehen worden war. Somit ist der Dachsenfranz der älteste Gewerbebetrieb am Ort.

Für das Dachsenfranz Dunkel wird nur Kraichgauer Goldgerste verwendet, die von sieben handverlesenen Landwirten kommt. Der Hopfen stammt aus den beiden Spitzenregionen Tettnang und Hallertau. Das Ergebnis ist ein Dunkelbier, welches nicht nur Kenner mit der Zunge schnalzen lässt.

Und wer sehen will, wie dieses Kunstwerk entsteht, sollte unbedingt an einer Führung teilnehmen.

Adresse Brauereigasthof & Hotel Zum Dachsenfranz, Hoffenheimer Straße 1, 74939 Zuzenhausen, Tel. 06226/92070, www.dachsenfranz.de | **Bier-Steckbrief** Brauart obergärig, Alkoholgehalt 4,8 Prozent vol., Stammwürze 11,8 Prozent | **Öffnungszeiten** Gaststätte 11–14 Uhr und 17.30–23 Uhr, Sa ab 17.30 Uhr, Di Ruhetag | **Tipp** Ein Dachsenfranz Kellerbier gibt es auch. Ebenfalls sehr empfehlenswert.

31 Dampfbier Zwiesel

Viel mehr als heiße Luft

Dampfbier? Was ist denn das?

Also: Man könnte sagen, dass es sich bei Dampfbier um ein äußerst zeitgemäßes Getränk handelt, weil bei dessen Herstellung so verantwortungsvoll und schonend mit den natürlichen Ressourcen umgegangen wird wie nur möglich. Was aber nicht heißt, dass das Verfahren des Dampfbierbrauens neu wäre. Auf diese Manier wird schon seit über 100 Jahren gebraut. Der Grund war damals schlicht der Mangel an Rohstoffen. Dass ursprünglich vor allem Gerste zum Brauen verwandt wurde, hatte einen simplen Grund: Weizen war als Brotgetreide vorgesehen, die Landesfürsten wollten durch ihr Verbot schlicht verhindern, dass die schrankenlosen Untertanen, anstatt zu essen, ihr Getreide ganz einfach versoffen. Doch auch später, als Weizen (siehe Weizenbier et cetera) zum Brauen freigegeben worden war, hieß das noch lange nicht, dass er überall in rauen Mengen zur Verfügung stand. Im Bayerischen Wald konnte man vor über 100 Jahren nicht nur keinen Weizen verwenden, man musste auch mit dem Gerstenmalz sehr sparsam sein. Und da Hopfen noch teurer war, war der einst so rar wie die Gewürze des Orients.

Trotz dieser Handicaps entwickelte man ein Brauverfahren, bei dem man die seltenen Rohstoffe sparsam verwendet, aber dennoch ein sehr schmackhaftes Bier entstehen lässt. Seinen Namen hat das Dampfbier von seiner raschen Gärung, die in offenen Holzbottichen bei Temperaturen um die 20 Grad vollzogen wird. Dabei bildet sich schnell Kohlensäure, die in Gasblasen von der Oberfläche der Flüssigkeit steigt; für den uneingeweihten Betrachter sieht es so aus, als ob das Bier dampft.

Die Dampfbierbrauerei zu Zwiesel wurde 1889 von Wolfgang Pfeffer gegründet. Sie befindet sich seit dieser Zeit in Familienbesitz – derzeit ist Mark Pfeffer nebst Anhang im Amt (siehe Foto) – und braut nach einer geheimen Rezeptur, die von Generation zu Generation weitergegeben wird.

Adresse Dampfbierbrauerei Zwiesel GmbH & Co. KG, Regener Straße 9, 94227 Zwiesel, Tel. 09922/84660, www.dampfbier.de | **Bier-Steckbrief** Brauart obergärig, Alkoholgehalt 5,0 Prozent vol., Stammwürze 11° Plato | **Öffnungszeiten** Brauereiführungen Di, Do und Fr um 14 Uhr | **Tipp** Ein Besuch im Wander- und Aktivhotel Adambräu in Bodenmais. Die Einrichtung hat auch ein eigenes Sudhaus.

32 Detmolder Pilsener

Drei Damen von der Braustelle

Die Geschichte der Privatbrauerei Strate zeigt, was passiert, wenn es beim Kommunbrauen wie beim Zoiglbier (siehe Würth Zoigl) schief geht. Auch in Detmold gab es die Tradition, dass die Bürger reihum in der städtischen Brauerei ihr Bier zubereiten durften. Allerdings war die Qualität dabei sehr schwankend. Nicht so bei Adolf Hüppe. Sein Bier war gut und süffig, was ihm aber auch nichts half, denn die Reihenfolge fürs Brauen wurde verlost, und so konnte es passieren, dass er ein Jahr warten musste, bis er wieder mit dem Brauen dran war.

Also beschloss Meister Hüppe, eine eigene Brauerei aufzubauen. Allerdings fehlte ihm dafür das Geld. Deshalb sollte er sich besser seine Träume aus dem Kopf schlagen. Im Landkreis Westfalen-Lippe ist man in diesem Punkt ziemlich realistisch: »Wer nichts heiratet und nichts erbt, bleibt ein armer Teufel, bis dass er sterbt.«

Aber Adolf Hüppe hatte Glück. Sofie Schöning, die Tochter eines reichen Getreidehändlers, erwies ihm ihre Gunst, und nach der Heirat hatte Adolf dreierlei: Eine schöne Brauerei, die 1863 im neugotischen Stil erbaut wurde und heute als Baudenkmal gilt, sein Talent als Braumeister und über seine Schwiegereltern auch noch einen Rohstofflieferanten in der eigenen Familie.

Über verschiedene Heiraten wurde aus der Brauerei Hüppe die Brauerei Strate, die einzige deutsche Brauerei, die von drei Frauen geführt wird: Renate, Friederike und Simone Strate.

Natürlich machte die Brauerei im Laufe der Zeit Höhen und Tiefen durch, aber die derzeitige Erfolgsgeschichte dauert schon seit 1979 an. Damals beschlossen Friederike und Renate Strate, ihr Pilsener in der klassischen Bügelverschlussflasche auf den Markt zu bringen. Das Detmolder Pilsener ist ein frisches und sehr bekömmliches Bier. Wem die normale Abfüllung nicht reicht, der kann die Zwei-Liter-Flasche »Mopsi« ordern. Sie wird samt passendem Rucksack geliefert.

Adresse Privatbrauerei Strate Detmold GmbH & Co. KG, Palaisstraße 1–13, 32756 Detmold, Tel. 05231/944000, www.brauerei-strate.de | **Bier-Steckbrief** Brauart untergärig, Alkoholgehalt 4,8 Prozent vol., Stammwürze 11,5 Prozent | **Öffnungszeiten** Es gibt Brauereiführungen, die aber vor allem für Interessenten aus dem Umland (Radius 120 Kilometer) gedacht sind, Mo–Fr 10 und 14 Uhr, Verkaufspavillon Mo–Fr 8–18 Uhr, Sa 8–13 Uhr. | **Tipp** Detmolder Thusnelda Bier, welches vom ProBierClub (Wortspiel beabsichtigt) der Biersommeliere Matthias Klimt und Frank Winkel 2013 zum Bier des Jahres gewählt wurde.

33_Diebels Alt

Aus Alt mach neu

Etwas Neues über das Altbier zu sagen ist nicht einfach. Wenn man nichts falsch machen will, kann man sagen, das Alt ist im Wesentlichen ein nach alten Methoden gebrautes Bier. Es ist dunkler als das verwandte Kölsch, was daran liegt, dass beim Brauen relativ viel Malz auf der Darre landet. In einem Gespräch wird ein Kölner meist nicht lange mit dem Hinweis hinterm Berg halten, dass es insgesamt viel weniger Altbier- als Kölsch-Brauereien gibt. Und das, obwohl der Begriff »Kölsch« sehr wohl geschützt ist, während die Bezeichnung »Alt« von jedem verwendet werden darf. Aus der Sicht mancher Kölner spricht diese Tatsache Bände, ein Düsseldorfer wird in der Regel zu diesem Zeitpunkt schon nicht mehr zuhören, weil er ahnt, dass jetzt bald die Geschichte von den in den Rhein gekippten Kölsch-Chargen kommen wird.

Bis Anfang der 70er Jahre des letzten Jahrhunderts war die Brauerei Diebels im Wesentlichen eine lokale Größe. Man braute Altbier und freute sich mit denen, die Altbier mochten. Dann fand man eine Mission. Das ganze Land sollte zum Altbier bekehrt werden, wozu es aus Marketinggründen natürlich wichtig war, sich als *der* Altbier-Spezialist zu positionieren; was in Gegenden, die überhaupt kein Alt kannten, natürlich leichter gelang als anderswo.

Bald war Diebels die größte Altbierbrauerei Deutschlands. Jedes zweite Alt, das im Lande getrunken wurde, kam aus diesem Hause. Dennoch konnte der Erfolg nicht verhindern, dass das 1878 gegründete Unternehmen 2001 seine Unabhängigkeit verlor. Nach einer kurzen Zwischenstation als Tochter der Bremer Beck Brauerei gehört Diebels wie viele andere Marken zu Anheuser-Busch InBev. Aus der Sicht der Fans sind derlei Übernahmen nicht unkritisch. Man argwöhnt eine – manchmal im wahrsten Sinne des Wortes – Verwässerung der Tradition. Dennoch gab es 2005 einen Tabubruch, seit dieser Zeit gibt es auch ein Diebels-Pilsener. Dem Kerngeschäft hat diese Innovation bislang nicht geschadet.

Adresse Brauerei Diebels GmbH & Co. KG, Brauerei-Diebels-Straße 1, 47661 Issum, Tel. 0800/52205201, www.diebels.de | **Bier-Steckbrief** Brauart obergärig, Alkoholgehalt 4,9 Prozent vol., Stammwürze 11,5 Prozent | **Öffnungszeiten** Brauereibesichtigungen Mo–Fr 10–18 Uhr | **Tipp** Das Bolten Alt aus Korschenbroich. Kommt nach Angaben des Hauses aus der ältesten Altbierbrauerei der Welt.

34_Dithmarscher Pilsener

Qualität und Gelassenheit im Norden

Dithmarschen ist die Region, durch die man fährt, wenn man in Hamburg wohnt und nach St. Peter Ording zum Surfen will. Den Landstrich prägt eine gewisse Unaufgeregtheit, ähnlich wie die Frieslands, nur dass man sich hier nicht so demonstrativ gelassen zeigt. Man ist es einfach. Die Metropole Dithmarschens – wenn man das so sagen kann – ist Marne. Auch hier wird schon seit langer Zeit Bier gebraut, seit 1775, um genau zu sein. Verglichen mit den Gründungsdaten in anderen Regionen Deutschlands ist man hierzulande in Sachen Bier gewissermaßen noch in der Start-up-Phase. Was aber nicht bedeutet, dass die Brauerei minder ernst genommen wird.

Seit 1884 gibt es in der Stadt die Dithmarscher Privatbrauerei, ein kleiner, aber feiner Familienbetrieb, wie es ihn an der Westküste Schleswig-Holsteins kein weiteres Mal gibt. Auch in Marne weiß man, dass bei den immer noch 1.300 Brauereien der Trend zur Konzentration geht, aber man muss ja nicht jeden Trend mitmachen.

In der Brauerei von Karl Hintz machen sie heute noch dasselbe wie seit Jahrhunderten. Sie brauen mit Herz und Hingabe. Natürlich achtet man darauf, dass sich die Technik in der Brauerei immer auf dem neuesten Stand befindet, aber letztendlich ist entscheidend, mit wie viel Herz der Brauer bei der Sache ist.

Und das schmeckt man. Das Wasser für das Dithmarscher Pilsener kommt direkt aus den Heidelandschaften der umliegenden Geest. Es ist sehr weich und mildert die Herbheit des Aromas aufs Angenehmste ab. Das Ergebnis ist ein Bier, das in Sachen Hopfengenuss höchste Hoffnungen erfüllt.

Wie sehr die Brauerei mit ihrer Heimatregion verbunden ist, zeigt sich nicht nur in ihrem Engagement für die Seehundstation Friedrichskoog, wo man sich um Kegelrobben, Seehunde und Wale kümmert, sondern auch darin, dass es in der Dithmarscher Brauerei keinerlei Getränkedosen oder Einwegflaschen gibt.

Adresse Dithmarscher Privatbrauerei Karl Hintz GmbH & Co. KG, Oesterstraße 18, 25709 Marne, Tel. 04851/9620, www.dithmarscher.de | **Bier-Steckbrief** Brauart untergärig, Alkoholgehalt 4,8 Prozent vol., Stammwürze 11,6 Prozent | **Öffnungszeiten** Es gibt Führungen durch die Brauerei, allerdings empfiehlt es sich, vorher anzurufen und nach freien Terminen zu fragen. | **Tipp** Das Gertruden-Bräu aus dem Ratskeller Stade, das es in den Varianten hell, rot und dunkel gibt.

35 Döbler Reichsstadtbier

Aus der wilhelminischen Dynastie

Es war ja nicht so, dass sich jeder Ort in Deutschland Reichsstadt nennen durfte. In ganz Franken gab es davon gerade mal sechs. Zu ihnen gehörte Bad Windsheim. Die Stadt wurde schon 1248 mit diesem Privileg versehen. Eine Reichsstadt konnte den umliegenden Fürsten und Bischöfen eine Nase drehen und musste nur parieren, wenn der Kaiser etwas wollte. Nichtbiertrinkern ist der Ort vielleicht bekannt, weil es einen Altar gibt, der von Tilman Riemenschneider geschnitzt worden war, und hier während des Bauernkrieges eine Schlacht stattgefunden hat, in der die Bauernhaufen unter Florian Geyer zur Abwechslung auch mal siegreich waren.

In einem solch majestätischen Ambiente ist es nicht völlig überraschend, wenn ein Besitzer des Brauereiunternehmens Döbler in der Chronik des Hauses als Wilhelm I. geführt wird. Wilhelm I. übernahm das Unternehmen 1885 von seiner Mutter Barbara, die es nach dem Tod ihres Gatten geleitet hatte. Der Dynastiegründer hieß übrigens überraschenderweise nicht Wilhelm, sondern Johann und rief das Unternehmen ins Leben, als er 1864 von einem anderen Johann die Fabrik und das Braurecht für einen Preis von 17.000 Gulden übernahm.

Im Unterschied zum Deutschen Reich regierte bei Döbler Wilhelm I. noch bis 1944. Nach seinem Tode vergingen noch sechs Jahre, bis Wilhelm II. sein Amt antrat. Während der Herrschaftszeit von Wilhelm Zwo wurde die Brauerei grundlegend modernisiert und erweitert.

Wilhelm III. kam 1986 auf den Thron. Er leitet das Unternehmen nun gemeinsam mit seiner Gattin Elke. Heute ist Döbler das einzige noch aktive Brauhaus in Bad Windsheim.

Das Döbler Reichsstadtbier ist ein Kellerbier. Es wurde erstmals zur 850-Jahr-Feier der ehemaligen Reichsstadt Bad Windsheim gebraut. Es kommt unfiltriert, mit der ganzen Ladung Vitamine, Mineralien und Ballaststoffe ins Glas. Für viele ist es die beste Sorte des Hauses.

Adresse Brauhaus Döbler, Kornmarkt 6, 91438 Bad Winsheim, Tel. 09841/2002, www.brauhaus-doebler.de | **Bier-Steckbrief** Brauart untergärig, Alkoholgehalt 5.0 Prozent vol., Stammwürze 11,6 Prozent | **Öffnungszeiten** Es gibt nicht nur Führungen, sondern auch Seminare, auf denen man den Titel Dr. b. c. (bierologis causa) erwerben kann. Informationen finden sich auf der Webseite. | **Tipp** Ein Besuch in dem Gasthof Landwehrbräu in Steinsfeld (eigene Brauerei!), mit dem Auto gut zehn Minuten entfernt.

36 Eibauer Schwarzbier

Das kleine Schwarze

Eibau war früher mal selbstständig, gehört aber heute zur Gemeinde Kottmar in der Nähe von Zittau, kurz vor dem Dreiländereck Deutschland, Polen und Tschechien. Es ist sicherlich nicht einfach, ein Schwarzbier zu brauen, wenn man unweit des Platzhirsches Köstritzer arbeitet, und es ist sicherlich auch eine Herausforderung, in der Oberlausitz einen Markennamen zu haben, der das in der Gegend so beliebte R erst am Ende bringt. Aber bislang haben die Eibauer beide Herausforderungen recht gut gemeistert.

Die Brauerei gibt es seit über 200 Jahren, angeblich hat in den Gründerjahren ein Mönch aus Zittau sehr viel Zeit in den Kellern der Brauerei verbracht. Ob das wirklich stimmt, ist nicht überliefert, auf jeden Fall hat er es bis auf das Wappen der Firma geschafft, wo er auch heute noch zu sehen ist.

Die DDR-Zeiten überstand die Brauerei als Teil der Görlitzer Landskron-Brauerei (siehe Landskron Pilsner). 1937 hatte Diplom-Braumeister Hans Münch die Firma erworben. Nach der Wiedervereinigung kamen die Nachfahren wieder ans Ruder, weswegen das Unternehmen manchmal auch als Münch-Bräu bezeichnet wird. Seit 2008 gibt es drei neue Gesellschafter.

Das Eibauer Schwarzbier ist süffig, rauchig und bekömmlich. Aber natürlich kann sich so ein kleines Unternehmen angesichts der mächtigen Konkurrenz nicht darauf verlassen, dass die Hauptmarke auf ewig das Überleben sichert. So wird regelmäßig darauf hingewiesen, dass die Eibauer zwar sehr gut »schwarz« brauen können, aber auch noch andere Sachen draufhaben. So gab es mal das Experiment des Schwarzbier-Pilseners, das nicht so seltsam schmeckte, wie es klang.

Ein anderer Weg, die Marke zu stärken, besteht darin, als Sponsor aufzutreten. Auch hier ist die Eibauer Brauerei aktiv. Sportler unterstützen viele, aber dass auch Kettenschnitzer in den Farben der Eibauer auflaufen, dürfte für eine Brauerei ziemlich einmalig sein.

Adresse Privatbrauerei Eibau i. Sa., Neueibauer Straße 9, 02739 Eibau, Tel. 03586/78140, www.eibauer.de | **Bier-Steckbrief** Brauart untergärig, Alkoholgehalt 4,5 Prozent vol., Stammwürze mindestens 11 Prozent | **Öffnungszeiten** Führungen Di, Fr 9.30 und 12.30, Sa 13.30 Uhr, Anmeldung erforderlich | **Tipp** Das rotblonde Kupfer aus dem Bautzener Brauhaus. Es wird mit dem Slogan »Anders als andere« beworben.

37 Einbecker Ur-Bock

Ganz schön viel Bock auf Bier

Der Schriftsteller F. Scott Fitzgerald und der Dramatiker Bertolt Brecht hatten, in der Zeit, als sie noch nicht so bekannt waren, auch als Werbetexter gearbeitet. Von dem Reformator Martin Luther wusste man das so bisher noch nicht, aber dennoch wird ihm der Ausspruch »Der beste Trank, den einer Kennt, der wird Einbecker Bier genennt.« (original Rechtschreibung des Kirchenfürsten) zugeschrieben. Er soll diesen Slogan schon im Jahre 1521 geprägt haben, aber die Tradition des Einbecker Bieres reicht noch viel länger zurück. Aus dem Jahre 1378 ist eine Rechnung überliefert, die einem Celler für zwei Fässer Einbecker Bieres ausgestellt wurde. Ob und wann er diese Rechnung bezahlt hat, ist nicht bekannt, aber seit dieser Zeit wird der 28. April als Beginn der Einbecker Bierproduktion betrachtet.

Bierbrauen war in Einbeck in diesen Tagen Volkssport. Jährlich wurde am 1. Mai ausgelost, wer wann die städtische Braupfanne benutzen durfte. Ein Teil der Produktion ging in den Eigenbedarf, der Rest wurde von der Stadt vertrieben. Erst in die Hansestädte, dann in den Ostseeraum und schließlich auch nach Süddeutschland. In einer frühen Form des Merchandisings wurden in verschiedenen Städten Schankstätten eröffnet, die den Namen der Erzeugerstadt trugen. In Hamburg gab es ein Einbeck'sches Haus, in Wismar und Lüneburg einen Einbecker Keller.

In München war das Hofbräuhaus gerade eröffnet worden, als die ersten Wagen mit Einbecker hier auftauchten und sofort für eine große Fangemeinde sorgten. Die Münchner sollen von dem Einbecker Bier so begeistert gewesen sein, dass sie einen Einbecker Braumeister abwarben, der auf der Basis seines Heimatrezeptes ein Bier braute, welches in München das »Einbeckische« genannt wurde. Im bayerischen Idiom wurde daraus schnell das »Einpöckische« und schließlich über »Oanpock« das Bockbier, welches seit dieser Zeit so heißt.

Adresse Einbecker Brauhaus AG, Papenstraße 4–7, 37574 Einbeck, Tel. 05561/7970, www.einbecker.de | Bier-Steckbrief Brauart untergärig, Alkoholgehalt 6,5 Prozent vol., Stammwürze 16,2 Prozent | Öffnungszeiten Brauereiführungen Mo und Do 14 Uhr, sie dauern circa drei Stunden, eine Anmeldung ist erforderlich | Tipp Das etwas leichtere Einbecker Brauherren Pils aus demselben Hause.

38 Einsiedler Landbier

Eine Schwalbe macht manchmal einen Sommer

Die Einsiedler-Brauerei ist eine kleine und feine Bierproduktionsstätte mit einem größeren Geheimnis. Das Unternehmen wurde 1885 von Emil Schwalbe gegründet, der eigentlich in dem damals sogenannten »deutschen Manchester« Maschinen baute und nun mal was anderes machen wollte. Die Brauerei wuchs schnell. Auf der Webseite des Hauses wird darauf hingewiesen, dass sogar während der Inflation in den 20er Jahren mehr Einsiedler-Bier getrunken wurde als zuvor – was nach einiger Überlegung nicht so verblüffend erscheint. Nach dem Zweiten Weltkrieg gestattet die sowjetische Besatzungsmacht die Produktion eines »Bierersatzgetränks«. Es wird zum Preis von 50 Pfennig verkauft. Dann kommen die üblichen Querelen. Der Eigentümer sitzt in Bayern, die Staatsmacht in Ost-Berlin. Bis 1972 ist die Verstaatlichung vollzogen, danach erfolgt industrielle Produktion, was keinem so richtig schmeckt, weshalb nach der Rückübergabe an die Nachfahren der ursprünglichen Besitzer wieder viel Wert auf Handwerk beim Bierbrauen gelegt wird.

Das Landbier ist eine der zehn Sorten, die in der Einsiedler Brauerei hergestellt werden. Bier, wie man es mag: schlank, malzig, mit angenehmem Nachgeschmack. Von der Qualität konnten sich schon viele Biertrinker überzeugen, unter anderem auch Mike Krüger, der als Stargast bei einem der Brauereifeste zugegen war.

Und nun zum Geheimnis. Vor einiger Zeit kam Agnus Dei, das Bier des Templerordens, auf den Markt. Es sorgte für einiges Aufsehen, weil sich auf der Flasche zwar vielfältige Informationen über die Geschichte des Templerordens befanden (was auf dem Etikett stand, konnte problemlos auch als Wikipedia-Eintrag durchgehen), nur wo das Getränk des Ordens gebraut wurde, wusste niemand so richtig. Wilde Gerüchte schossen ins Kraut, aber wer wissen will, wo die Braustätte nun wirklich ist, der ist bei unten angegebener Adresse richtig.

Adresse Einsiedler Brauhaus GmbH, Einsiedler Hauptstraße 144, 09123 Chemnitz, Tel. 037209 / 6610, www.einsiedler.de | Bier-Steckbrief Brauart untergärig, Alkoholgehalt 5,0 Prozent vol., Stammwürze 11,7 Prozent | Öffnungszeiten Es gibt Besichtigungen und Verkostungen, allerdings nur nach telefonischer Anmeldung. | Tipp Ein Besuch im Turmbrauhaus Chemnitz, im Herzen der Stadt, wo es auch Biersuppe und Braumeistersteak gibt.

39_Engel Kellerbier

Dieser Engel ist vom Fach

Die altehrwürdige Crailsheimer Biermanufaktur Engel hatte diesen Namen schon, als es noch nicht Mode war, eine Brauerei Manufaktur zu nennen. Die ersten Brauversuche gehen bis in das Jahr 1738 zurück, als im Gasthaus »Zum Goldenen Engel« in einem Jahr 150 Eimer gebraut wurden. Was die Biermanufaktur immer auszeichnete, war die Verbindung von Tradition und Innovation. 1903 wurde in der Brauerei eine Dampfmaschine installiert, 1920 wurde die erste noch von Pferden gezogene Bierdroschke durch ein Kraftfahrzeug ersetzt, und 1967 begann der letzte Modernisierungsschub, der bis zum heutigen Tage anhält und dafür sorgt, dass die Manufaktur auch noch in der fünften Generation im Familienbesitz bleibt.

Die Produktpalette des Unternehmens ist groß, aber am bekanntesten dürfte wohl das Kellerbier sein, welches 2013 mit dem europäischen Beer Star in Gold ausgezeichnet wurde. Bei diesem Wettbewerb können sich Brauereien aus aller Welt beteiligen, allerdings müssen ihre Produkte den Brautraditionen des alten Kontinents entsprechen.

Ursprünglicherweise wurden als Kellerbier alle ungefilterten Lagerbiere bezeichnet. Sie sind stärker verhopft und enthalten weniger Kohlensäure als die üblichen Sorten. Der Name stammt aus der Zeit, als es noch keine Kühlhäuser gab und die Brauer ihre Produkte in Kellern oder Höhlen unter schattigen Bäumen – meistens Kastanien – lagerten. Als man herausfand, dass Bier nicht nur kühler bleibt, wenn man es unter Bäumen lagert, sondern es sich unter denselben Bäumen auch viel angenehmer trinken lässt, war auch bald der Biergarten geboren.

Wenn man nun weiß, dass ein Kellerbier ein ungefiltertes Lagerbier ist, bleibt nur noch eine Frage offen: Was ist eigentlich ein Lager? Einen Ausländer dürfte diese Frage verblüffen, denn weltweit gelten die Lager-Biere als deutsche Erfindung. Nur werden sie eben hierzulande meist »Helles« genannt.

Adresse Biermanufaktur Engel GmbH & Co. KG, Haller Straße 29, 74564 Crailsheim, Tel. 07951/91930, www.engelbier.de | Bier-Steckbrief Brauart untergärig, Alkoholgehalt 5,4 Prozent vol., Stammwürze 12,8 Prozent | Öffnungszeiten Es gibt keine Führungen im klassischen Sinne, aber einen Crash-Braukurs. Er dauert ungefähr fünf Stunden und endet mit einer Verkostung und der Verleihung eines Bierkenner-Diploms. | Tipp Die Spezialitäten des Hauses gibt es auch in einer Drei-Liter-Magnumflasche mit Bügelverschluss.

40 Erdinger Weißbier

Da liegt Musik drin

Ob mit Musik wirklich alles besser geht, sei mal dahingestellt, aber was soll's: »Des Erdinger Weißbier, des is' hoald a Broachd! Holla-radi pfiat euch, des schmeggd uns beim Doag un' bei der Noachd!« – So spricht der Dichter. Es soll sogar Leute geben, die sich den Song als Klingelton runterladen.

Naja.

Wie viele Brauereien begann die Erdinger Weißbierbrauerei im letzten Viertel des 19. Jahrhunderts; wie wohl so gut wie jede Brauerei in Bayern zeigt sie sich sehr heimatverbunden (oder sollte es tatsächlich eine bayerische Brauerei geben, die unter dem Motto arbeitet: Wir hassen unsere Heimat und trinken so viel Bier, weil wir sie sonst nicht vergessen können?). Im Unterschied zu anderen waren die Erdinger allerdings immer Weißbierbrauer und wollten nie etwas anderes sein.

So verstörend die schuhplattelnde Heimattümelei in manchen nicht bayerischen Ohren wirken mag: Das Erdinger Weißbier gehört ohne Zweifel zu den Großen seiner Art. Für diesen Genuss würden viele Ortsfremde noch viel mehr Lokalkolorit in Kauf nehmen.

Und wenn die Qualität des Produkts stimmt, ist irgendwann halt auch das Ausland dran. So wurde in den 60er Jahren des letzten Jahrhunderts die Gegend nördlich des Weißwurstäquators erobert, und in den 70er Jahren war dann Österreich dran.

Weißbier wurde schnell populär, nicht nur als sommerliches Getränk, sondern auch weil man sich beim Einschenken ungeschickt anstellen kann. Ein Getränk, bei dem man gleichzeitig mit der Welt hadern und Kompetenz zeigen kann, ist einfach unschlagbar. Unter http://www.youtube.com/watch?v=ruTerwqfhNg gibt es von Erdinger ein Video; da kann man sich zeigen lassen, wie man richtig einschenkt. Bleibt also abschließend nur noch eine Frage zu beantworten: Gibt es einen Unterschied zwischen Weißbier und Weizenbier? Im Prinzip nein, aber wenn man will, kann man darüber herrlich stundenlang diskutieren.

Adresse Privatbrauerei Erdinger Weißbier Werner Brombach GmbH, Lange Zeile 1 und 3, 85435 Erding, Tel. 08122/4090, www.erdinger.de | Bier-Steckbrief Brauart obergärig, Alkoholgehalt 5,3 Prozent vol., Stammwürze 16,7° Plato | Öffnungszeiten Es gibt Führungen, aber eine Anmeldung ist erforderlich. | Tipp Gleich um die Ecke und wenn man gleich nach der Landung in München Bier trinken will: Auf dem Münchner Flughafen wartet das Airbräu.

41 Faust Kräusen

Der Pakt mit dem Geschmack

Die Brauerei Faust in Miltenberg hatte mal einen Werbespruch, der witzig war und gleichzeitig von einer gewissen Weltweisheit zeugte: »International völlig unbedeutend, national eher zweitrangig, regional der Hammer.« Und was das Tolle an diesem Spruch ist: Er stimmt. Egal, welche Sorte – Faust-Biere sind sehr gut (und leider außerhalb des heimischen Zirkels noch viel zu wenig bekannt). Da sieht man mal, wie viel Bildung die Welt doch noch nötig hat. Dazu später mehr.

Erst mal: Das Kräusen in dem Biernamen bezieht sich auf die Schaumflocken, die sich während der Gärung auf dem jungen Bier bilden. Ihren Namen verdanken die Flocken der Tatsache, dass sie in ihrer Form ein wenig an gekräuseltes Haar erinnern. Bei Faust werden die Flocken während der Gärung mit einem Löffel täglich abgeschöpft. Das macht das Bier nicht so kratzig und weniger bitter.

Und wer nun tiefer in solche Details der Brauerei eindringen will, der kann das auch während eines Kreativ-Brauerei-Seminars tun, welches von den Bierbrauern in Miltenberg veranstaltet wird.

Das Seminar dauert einen ganzen Tag. Sieben Stunden lang lernt man, wie man sein eigenes Bier herstellen kann. Natürlich gibt es wie fast überall am Anfang ein wenig Theorie, dann geht es an den praktischen Teil. Über das Schroten des Malzes bis hin zum Gären. Die dabei hergestellte Würze kann dann in den Kellern der Brauerei mit Hefe versetzt werden. Und wenn der Hobby-Brauer alles richtig gemacht hat, dann kann er – ungefähr sechs Wochen später – in der Brauerei fünf Liter seines eigenen Gebräus abholen (und davon trinken, wenn er es wagt).

Die Kurse werden für Gruppen und Einzelteilnehmer veranstaltet. Eine Gruppe von maximal 15 Personen zahlt eine Pauschale von 1.090 Euro, ein Einzelteilnehmer ist mit 109 Euro dabei. Allerdings sind die Einzelplätze schnell ausgebucht. Informationen gibt es unter 09371/971313.

Adresse Brauhaus Faust OHG, Hauptstraße 219, 63897 Miltenberg, Tel. 09371/97130, www.faust.de | **Bier-Steckbrief** Brauart untergärig, Alkoholgehalt 5,5 Prozent vol., Stammwürze 13,4 Prozent | **Öffnungszeiten** Es gibt in der Brauerei einen Laden, der Mo–Fr von 8–18 Uhr geöffnet hat, im Sommer ist auch am Wochenende für ein paar Stunden auf. | **Tipp** Das feinherbe Pils oder das Schwarzviertler oder irgendwas anderes von Faust. Man kann hier eigentlich nichts falsch machen.

42 Flensburger Pilsener

Das Plopp im Norden

Das Leben hoch im Norden, in Flensburg, ganz am obersten Rande der Republik, ist manchmal auch nicht einfach. Wenn man Glück hat, hat man keine Punkte im örtlichen Verkehrssünderregister. Wenn man noch mehr Glück hat, holte die SG Handewitt beim Handball viele Punkte, und ganz groß ist man im Glück, wenn man nicht nur auf Beate Uhse angewiesen ist. Aber ist das wirklich alles im Leben? Braucht es nicht noch ein wenig mehr?

Zum Beispiel ein gutes Bier?

Das dachten sich am 6. September 1888 auch fünf weitsichtige Flensburger Männer, als sie sich zusammentaten, um eine Brauerei zu gründen. Die Umstände waren günstig. Eine Quelle mit kristallklarem Brauwasser war direkt vor der Tür, und die Küstengerste sollte dem Gebräu seinen unverwechselbaren Geschmack geben.

In den 30er Jahren des letzten Jahrhunderts war es dann der Konsul Emil Petersen, der die Brauerei zur größten in Schleswig-Holstein machte. Und man sollte sich nicht täuschen. Auch wenn das Flens lange Jahre im Umfeld eines nicht immer ganz klar wirkenden Horex-Fahrers auftauchte – die Herstellung von Flensburger Pils ist kein schräges Hobby von Amateuren. Mittlerweile ist die Brauerei die größte im Norden Deutschlands, pro Tag werden eine Million Flaschen abgefüllt.

Und noch ein Irrtum. Auch den Bügelverschluss haben die Flensburger nicht erfunden. Aber sie haben ihn so geschickt wie wenige für das Marketing ihres Produktes eingesetzt. Und was ein simpler Porzellan-Pfropfen mit einem Gummiring drauf war, ist mittlerweile ein Hightech-Produkt. Das neue Keramikteil kann nicht mehr splittern, und die Manschette aus Polypropylen haftet unlösbar am Verschluss. Da tropft nichts mehr daneben.

Aber am wichtigsten bleibt am Ende immer noch das Bier, welches – wie es Experten so schön formulieren können – in seiner Rezenz und seinem Antrunk »die Maßgaben der Braukunst verkörpert.«

Adresse Flensburger Brauerei Emil Petersen GmbH & Co. KG., Munketoft 12, 24937 Flensburg, Tel. 0461/8630, www.flens.de | **Bier-Steckbrief** Brauart untergärig, Alkoholgehalt 4,8 Prozent vol., Stammwürze 11,3 Prozent | **Öffnungszeiten** Auf der Webseite gibt es eine Erlebniswelt, wo man einen virtuellen Rundgang machen kann. Und wenn man dann noch mehr wissen will, kann man die Brauerei auch besuchen. | **Tipp** Das Sylter Hopfen Bier, eine Bierspezialität, die tatsächlich mit Hopfen von der Insel gebraut wird; zu beziehen über diese Seite: http://shop.sylter-hopfen.de.

43 Franziskaner Weißbier

Das Weißbier aus München

Es kann niemand die Absicht haben, Mönchsorden gegeneinander auszuspielen, aber was die Bierbrauerei betrifft, liegen die Benediktiner um Längen vor den Franziskanern. Da kann auch diese Brauerei wenig dran ändern. Die führt zwar in ihrer Firmenbezeichnung den Namen des Ordens, aber das liegt nur daran, dass die Brauerei 1363 gegenüber von einem Franziskanerkloster begründet wurde. Nichtsdestotrotz führt die Firma bis heute einen Mönch im Wappen.

Der Rest der Geschichte ist eher weltlich. Wie andere Münchner Brauereien auch verlegte sie mehrmals ihren Standort. 1872 brachte das Haus das erste Oktoberfestbier auf den Markt. Der Aufstieg des Unternehmens ist eng mit der Brauer-Dynastie der Sedlmayrs verbunden, die Bayern nicht nur mit ihren Bieren prägten, sondern auch für Eisenbahnverbindungen Lobbyarbeit betrieben, Politik machten und sich für Kunst engagierten.

An der Wende zum 21. Jahrhundert kamen die mittlerweile üblichen Fusionen. Erst gingen Spatenbräu und Franziskaner zusammen, dann kamen beide zu dem Giganten Anheuser-Busch InBev.

Das Franziskaner ist heute die Nummer drei unter den deutschen Weißbieren. Es überzeugt nicht nur durch den süffigen Geschmack, sondern auch durch die angenehm bernsteinfarbene Optik und den stabilen cremigen Schaum.

Da wir uns schon beim Erdinger mit der Kunst des Einschenkens ins Weißbierglas beschäftigt haben, können wir hier ein paar Worte auf die Form des Glases verwenden.

Warum sind Weißbiergläser so geformt, wie sie sind (höher, schlanker, dickerer Boden)? Zum einen ist ein Bierglas, obwohl es den Schöpfern oder der Erschaffung kaum bewusst gewesen sein dürfte, eine der besten Umsetzungen des Prinzips »form follows function«. Ein Bierglas soll das Getränk gut aussehen lassen und dafür sorgen, dass es so lange wie möglich gut schmeckt. Das Weißbier bleibt in dem hohen Glas frischer, und der dicke Boden ist gut zum Anstoßen.

Adresse Spaten-Franziskaner-Bräu GmbH, Marsstraße 46–48, 80335 München, Tel. 089/51220, www.franziskaner-weissbier.de | **Bier-Steckbrief** Brauart obergärig, Alkoholgehalt 5,0 Prozent vol., Stammwürze 11,8 Prozent | **Öffnungszeiten** Brauereiführungen gibt es an jedem ersten Fr im Monat. | **Tipp** Der St. Jakobus Blonder Bock aus der Forschungsbrauerei München. Eine Neuentwicklung mit einem altklingenden Namen.

44_Freiberger Pils

Die Ersten nach Böhmen

Da auch früher schon viele Leute brauen wollten, aber nicht jeder eine Brauerei sein Eigen nennen konnte, gab es sogenannte Kommunbrauhäuser. Die Freiberger begannen 1850 als sogenannter Commun-Brauhof unter der Schirmherrschaft der Freiberger Braugenossenschaft. Laut Statut waren Mitglieder der Braugenossenschaft »all Diejenigen, welche im Grund und Hypothekenbuche der Stadt Freiberg als Besitzer brauberechtigter Häuser und Hausbraustellen aufgeführt sind.« Eine »Vermehrung der Mitglieder« wurde »nur dadurch herbeigeführt, dass entweder Baustellen (sic!) welche, als erblich überlassene, zur Zeit im Grund- und Hypothekenbuch noch nicht aufgeführt zu finden sind, auf denen aber in der Vorzeit brauberechtigte Häuser gestanden haben …«

So kaum verständlich geht das noch absätzelang weiter. Wenn man das Statut der Freiberger Braugenossenschaft liest, begreift man zwei Dinge sehr schnell. Zum einen, weshalb sie damals einen so großen Bierdurst hatten, und zum anderen, warum sie 1898 ihren Laden in eine Aktiengesellschaft umgewandelt hatten. Wahrscheinlich war das auch das Jahr, in dem alle Mitglieder der Genossenschaft endlich ihr Statut verstanden hatten.

Die Freiberger Brauerei war eine der ersten in Deutschland, die echtes Pilsener braute – schließlich war Böhmen gleich um die Ecke. Und dass sie eine jahrhundertlange Erfahrung im Pilsbrauen hat, schmeckt man trotz aller Widrigkeiten, die dem Unternehmen im Laufe seiner Geschichte widerfuhren.

Nach Auflösung der DDR ging die Brauerei erst an ein Mannheimer Unternehmen, dann stieg 2000 die Actris AG des SAP-Gründers Dietmar Hopp ein. Da wären natürlich alle Voraussetzungen gegeben gewesen, in rasender Geschwindigkeit an die Spitze der Bundesliga des deutschen Bieres zu stürmen. Allerdings wurde dann aus den Freibergern doch kein bierisches Hoffenheim, seit 2006 gehören sie zur Radeberger Gruppe.

Adresse Freiberger Brauhaus GmbH, Am Fürstenwald, 09599 Freiberg, Tel. 03731 / 3630, www.freiberger-pils.de | **Bier-Steckbrief** Brauart untergärig, Alkoholgehalt 4,9 Prozent vol., Stammwürze 11,6 Prozent | **Öffnungszeiten** Brauereiführungen finden statt. Infos auf dieser Webseite: www.freiberg-service.de / stadtfuehrungen / fuer-individualtouristen / freiberger-bierfuehrung.html | **Tipp** Ein Besuch in der Museumsbrauerei (www.museumsbrauerei.de) in Rechenberg im Erzgebirge.

45 Friedenfelser Urtyp Hell

Heimat, Hopfen, Harmonie

Über die Friedenfelser Beteiligungs GmbH kann man eines mit Sicherheit sagen: Für sie ist Bier allein nicht alles, aber ohne Bier wäre alles nichts. Das Schloss liegt auf halbem Wege zwischen Bayreuth und der tschechischen Grenze. Friedenfels ist nicht nur eine Brauerei, sondern ein eigener Wirtschaftskosmos, der sich durch seine Friedsamkeit und Harmonie auszeichnet. Das war nicht immer so.

Das Schloss Friedenfels kam angeblich zu seinem Namen, weil es vor Jahrhunderten zwei Brüder gab, die sich so sehr hassten, dass sie auf Anraten ihres Vaters schließlich getrennte Wohnsitze bezogen (und das bedeutete ab einer gewissen Einkommensklasse: ein Schloss). Der eine Bruder soll nach dem Einzug so froh gewesen sein, dass er den anderen Satansbraten endlich los war, dass er seine neue Heimstatt Friedenfels taufte.

Hier wird nicht nur Bier gebraut, sondern es gibt außerdem Gärtnereien, einen Steinbruch und ein Sägewerk. Für die Energieversorgung wurde 2007 eine Hackschnitzelheizung in Betrieb gesetzt, die ökologisch mit dem Heizmaterial arbeitet, welches sich auf dem Gelände findet. Dass das Ganze CO^2-neutral passiert, muss man eigentlich gar nicht mehr erwähnen. Und wer sich das alles mal in Ruhe angucken will, kann die Schloss-Schänke Friedenfels besuchen, in der es auch Gästezimmer gibt. Die hiesigen Gastronomen gehören zu den Unterstützern von Slow Food Deutschland. Man merkt eigentlich überall, dass hier Gelassenheit und Gemütlichkeit großgeschrieben wird, auch auf der Webseite, wo man sich jetzt noch als aktuelle Ausgabe die Friedenfelser Zeitung vom Dezember 2013 herunterladen kann.

Nee, aber ganz ohne Scherz. Wer ein irdisches Bierparadies sucht, sitzt in Friedenfels direkt an der Quelle. Im Wortsinn. Das Friedenfelser Bier hat den Vorteil, direkt mit Wasser aus der eigenen Quelle gebraut zu werden. Und was dabei herauskommt, ist rundum gelungen.

Adresse Friedenfelser Beteiligungs-GmbH & Co. KG, Kolpingplatz 1, 95688 Friedenfels, Tel. 09683/910, www.friedenfelser.de | **Bier-Steckbrief** Brauart untergärig, Alkoholgehalt 4,8 Prozent vol., Stammwürze 11,2 Prozent | **Öffnungszeiten** Der Braugasthof ist im Sommer ab 11 Uhr geöffnet, im Winter ist Mo und Di Ruhetag. | **Tipp** Längst kein Geheimtipp mehr: das Zoiglbier Friedenfelser Schwarzer Ritter.

46 Früh Kölsch

Früh übt sich, was ein Meister werden will

Wie das Alt aus Düsseldorf und Umgebung und die Berliner Weiße gehört das Kölsch zu den obergärigen Bieren, und vielleicht ist jetzt eine gute Gelegenheit zu erklären, was das eigentlich ist.

Wenn es beim Bier ums Gären geht, ist meistens die Hefe nicht weit, denn schließlich ist es der Job dieser Pilze, beim Brauen jenen Prozess anzustoßen, der aus dem Bier ein Getränk für Erwachsene macht.

Ist der Gärbottich offen, ist es außerdem noch ziemlich warm, und die Oberfläche des zukünftigen Bieres sieht darüber hinaus noch ein wenig so aus wie ein Fluss in einer Fernsehreportage, nachdem ein Chemiewerk in die Luft geflogen ist, dann spricht sehr viel dafür, dass man gerade einem obergärigen Brauprozess beiwohnt.

Ist es hingegen eher kalt und man sieht an der Oberfläche nix, dann spricht alles für Untergärigkeit. Früher, als es noch keine Kühlhäuser gab, hing die Braupraxis vom Wetter ab. War es draußen warm, wurde obergärig gebraut, war es eher kalt, kam die untergärige Variante zum Zug.

Beim obergärigen Brauverfahren wird die oben schwimmende Hefe nach sieben Tag abgeschöpft. Gelangen beim Abfüllen der Flaschen auch noch Hefepartikel mit in die Glashülle, dann spricht man von ungefilterten Bieren.

Und wenn wir uns gerade im Theorie-Modus befinden, dann könnten wir doch auch gleich die Frage klären, worin sich das – wie wir gelernt haben – obergärige Kölsch von den anderen obergärigen Sorten unterscheidet; allerdings wird es da etwas kompliziert. Manches erinnert mehr als die anderen obergärigen Sorten an Pilsener, vor allem Besucher aus dem angelsächsischen Raum fühlen sich an Ale erinnert. Besucher aus Düsseldorf zeigen sich überrascht, aber noch längst nicht sprachlos. Letztendlich wird man wohl selbst probieren müssen. Denn das Rezept wird einem sowieso nicht verraten. Und das haben alle Kölsch-Brauereien gemeinsam.

Adresse Cölner Hofbräu P. Josef Früh KG, Am Hof 12–18, 50667 Köln, Tel. 0221/26130, www.frueh.de | Bier-Steckbrief Brauart obergärig, Alkoholgehalt 4,8–5,2 Prozent vol., Stammwürze 11,1–11,6 Prozent | Öffnungszeiten Führungen werden nicht angeboten. | Tipp Päffgen, das besonders lokalpatriotische Kölsch. Gibt es nur in der Stadt vom Hahn und nicht außerhalb in Flaschen.

47_Fürstenberg Premium Pilsener

Fürstlich feierlicher Festtrunk

Wie heißt es so schön: Gehe nie zu deinem Fürst, wenn du nicht gerufen wirst. Aber wie bei allem gibt es auch bei dieser Regel eine Ausnahme. Wenn der Fürst ein so gutes Bier braut, dann kann man schon mal unangemeldet vorbeikommen.

Dabei haben die Fürsten von Fürstenberg auch mal klein angefangen. Denn sie waren noch Grafen, als sie 1283 mit dem Brauen begannen. Das war aber noch eher für den kleineren und größeren Familienkreis. Aber da ihr Besitz weltlich war, konnten die Brauer von Adel auch weitermachen, nachdem der bereits mehrfach erwähnte Napoleon die Klöster rein brautechnisch dichtgemacht hatte. Richtig los mit der professionellen Brauerei ging es aber erst im 19. Jahrhundert, als Anton Egon den Grundstein für die heutige Brauerei legte. Das Fürstenberger war bald in aller Munde (an diesem Klischee kommt man, wenn man über Bier schreibt, einfach nicht vorbei – bitte um Entschuldigung), und im Kaiserreich wollten natürlich viele Hoflieferanten werden. Aber im Unterschied zu den bürgerlichen Emporkömmlingen hat man da als Fürst doch die etwas besseren Karten, weshalb das Fürstenberger Pilsener 1905 von Kaiser Wilhelm Zwo zum »Tafelgetränk seiner Majestät« erhoben wurde. Denn Majestät brauchte nicht nur Sonne, sondern auch ab und an ein Bier.

Man sollte sich aber von all der Tradition nicht täuschen lassen. Fürstenberg ist heute eine der größten Brauereien Deutschlands. Der jährliche Absatz beträgt 700.000 Hektoliter. Man ist fest entschlossen, auch in Zukunft als unabhängiger Player in der Liga der Großen mitzuspielen. Und größter Trumpf ist dabei, dass man ein Bier hat, bei dessen Genuss man sich am liebsten doppelt so viele Geschmacksknospen wünscht, wie man auf der Zunge hat. So würde man nach dem Genuss gern zum Dichter werden. Oft trinkt man aber einfach nur noch ein Glas. Was in der Regel eine kluge Entscheidung ist.

Adresse Fürstlich Fürstenbergische Brauerei GmbH & Co. KG, Postplatz 1–4, 78166 Donaueschingen, Tel. 0771/860, www.fuerstenberg.de | **Bier-Steckbrief** Brauart untergärig, Alkoholgehalt 4,8 Prozent vol., Stammwürze 12,7 Prozent | **Öffnungszeiten** Brauereiführung Mo–Fr 14.30 Uhr, Boutique Di–Fr 11–17 Uhr, Sa 11–13 Uhr | **Tipp** Das Fürstenberg Edelbräu, gebraut anlässlich des 725-jährigen Jubiläums des Braurechts.

48 Gaffel Kölsch

Immer in der Spitzengruppe

Das Gaffel ist ein Kölsch, und wie man so hört, gehört es zu den beliebtesten Kölsch-Sorten. Wahrscheinlich könnte niemand – ohne jemand auf den Schlips zu treten – behaupten, Sorte X wäre die beliebteste, deshalb könnten wir es dabei belassen.

(Kleine effektvolle Pause.)

Also gut, es geht natürlich genauer, aber dann wird es auch gleich komplizierter.

Was die Gastronomie betrifft, ist Gaffel Kölsch in der Domstadt Marktführer. Jedes dritte gezapfte Kölsch im Regierungsbezirk Köln ist ein Gaffel.

Beim Fassbier ist Gaffel unbestritten die Nummer eins. All die Faktoren zusammengenommen ergeben 21 Prozent Marktanteil und insgesamt gesehen die Nummer zwei. (Wer wissen will, wer die Nummer eins ist, muss diesen Abschnitt bis zum Ende lesen. Es gibt ja sonst wenige Möglichkeiten, in solchen Zahlenwüsten so etwas wie Spannung aufzubauen.)

Was Gaffel Kölsch außerdem noch von den lokalen Wettbewerbern unterscheidet, ist das weltweite Sendungsbewusstsein.

In Berlin gibt es als Lokalität die Ständige Vertretung (StäV) als Refugium für Bonner, die notgedrungen in die alte Hauptstadt umgesiedelt worden sind. Das Restaurant gilt während des Karnevals als Brückenkopf des rheinischen Frohsinns, wobei es bestimmt nicht schadet, dass hier auch Gaffel Kölsch ausgeschenkt wird. Die StäV soll mittlerweile so berühmt sein, dass es auch von Veranstaltern von Berliner Stadtrundfahrten regelmäßig angefahren wird.

Noch viel internationaler wird es aber, wenn wir nach New York gehen. Dort soll es über 100 Etablissements geben, in denen Gaffel Kölsch ausgeschenkt wird. Manche sprechen sogar vom Gaffel-Kölsch-Mekka, was in Anbetracht der doch immer noch bescheidenen Exportzahlen aber etwas übertrieben klingt. Aber dennoch, Big Apple und Gaffel passen offenbar gut zusammen.

Adresse Privatbrauerei Gaffel Becker & Co. OHG, Eigelstein 41, 50668 Köln, Tel. 0221/ 160060, www.gaffel.de | Bier-Steckbrief Brauart obergärig, Alkoholgehalt 4,9 Prozent vol., Stammwürze 11,2 Prozent | Öffnungszeiten Gaffel am Dom, direkt am Hauptbahnhof: Mo–Do, So 11.30–24 Uhr, Fr, Sa 11.30 Uhr–2 Uhr | Tipp Ein Besuch in der Brauerei & Brennerei Gebr. Sünner, Kalker Hauptstraße 260. Die älteste Brauerei Kölns.

49_Ganter Urtrunk

Gans schön gut

Die Brauerei Ganter ist in Freiburg das, was man mit gutem Gewissen eine Lokalgröße nennen kann. Der Betrieb ist seit Generationen in der Stadt verwurzelt. Man richtet unter anderem das örtliche Oktoberfest aus, und wenn in der Stadt im Breisgau sich die Vorfreude manifestiert, dass die Schwarzwaldmetropole in absehbarer Zeit auch zu jenen Gemeinden in Deutschland gehört, die sich Tatort-Schauplatz nennen dürfen, dann findet die Ankündigung dieser Standortaufwertung selbstverständlich in den Gemäuern der Ganter-Brauerei statt.

Die Braustätte wurde hier 1865 von Ludwig Ganter – den alle nur Louis nannten – gegründet, in einem Gebäude, welches auch der große Humanist Erasmus von Rotterdam zu seinem Wohnsitz erkoren hatte, als er in Freiburg weilte.

Die Führungen durch die Brauerei sind ein besonderes Erlebnis. Blitzblank polierte Kupferkessel und launige Erklärungen über die verschiedenen Brauprozesse gibt es vielerorts, aber nur bei Ganter betritt man einen virtuellen Braukessel und ist plötzlich dank ausgeklügelter Multimediatechnik mittendrin, wenn es darum geht, aus erlesenen Rohstoffen ein Bier zu brauen. Viel näher kann man der Genese des Gerstensafts nicht sein.

Die Verbundenheit mit der Stadt und der Region haben sicherlich ihren Teil dazu beigetragen, dass der Ganter-Brauerei in der Regel viel Sympathie entgegenschlägt, aber das wäre alles nichts ohne ein gutes Bier. Die Produktpalette der Brauerei ist umfangreich, es gibt Pils, Weizen und Dunkelbiere, die auch alle ihre Freunde haben, aber das Getränk, bei dem der Daumen sich mehrheitlich nach oben reckt, das ist der Ganter Urtrunk. Gebraut nach einem Originalrezept des Begründers der Dynastie, gehört dieses von Louis Ganter kreierte Zwickelbier zu den Höhepunkten im langen Schaffen der Familie. Ein Schluck genügt, und man begreift, was die Leute hier glücklich und zufrieden macht.

Adresse Brauerei Ganter GmbH & Co. KG, Schwarzwaldstraße 43, 79117 Freiburg, Tel. 0761/21850, www.ganter.com | **Bier-Steckbrief** Brauart untergärig, Alkoholgehalt 4,9 Prozent vol., Stammwürze 11,7 Prozent | **Öffnungszeiten** Brauereiführungen gibt es unter dem Label »Das Ganter-Brauerlebnis«. Am besten auf der Webseite buchen oder telefonisch anfragen. | **Tipp** Das Klosterbräu Gold aus Bamberg. Beinahe legendär.

50 Gievitzer Baltic-Alt

Malz, Maische und Müritz

Dass in Mecklenburg-Vorpommern gerne und reichlich getrunken wird, ist nicht zu leugnen. Doch leider gibt es im ganzen Bundesland nur noch fünf Brauereien, die zudem noch in den Händen großer Firmen sind. Ist ganz Mecklenburg-Vorpommern also in der Hand der großen Ketten und Konzerne? Nein, in einem kleinen Dorf nördlich des Müritzsees gibt es eine kleine Ein-Mann-Brauerei, die sich gegen den Trend behauptet.

Ob man das Eick Bräu als die kleinste Brauerei Deutschlands bezeichnen kann, ist nicht gewiss. Die kleinste des Bundeslandes ist sie mit Sicherheit. In einem Keller werden hier auf 70 Quadratmetern im Jahr bis zu 15.000 Liter Bier gebraut.

Gründer Harry Erchen war schon immer ein passionierter Biertrinker, allerdings gab es drei Dinge, die ihn bei den Industrie-Sorten immer störten: »Hitze, Luft und Filtration«. Es ist nicht zu bestreiten, dass diese Prozesse das Bier haltbarer und ansehnlicher machen, allein nach Meinung von Braumeister Erchen verliert das Getränk hierbei auch seinen Charakter, denn bei aller Wissenschaftlichkeit gibt es für ihn beim Bierbrauen eine gewisse Magie, die sich nicht in Formeln fassen lässt.

Der Gründer des Eick Bräu ist ein Autodidakt. Bevor er sich in sein unternehmerisches Abenteuer stürzte, machte er in Sonthofen im Allgäu bei einem Geistesverwandten ein Praktikum, dann zog er 2007 seinen eigenen Betrieb auf. Nach Investitionen von mehr als 80.000 Euro hatte er in seinem Untergeschoss eine komplette Anlage stehen, von der Flaschenwaschmaschine über den Braukessel bis hin zu Gärbehältern. Alles entspricht modernen und hygienischen Standards – nur die Etiketten werden hier noch von Hand aufgeklebt. Zur Produktpalette gehören mittlerweile sechs Sorten, das Alt läuft am besten. Es hat den Namenszusatz »Baltic« erhalten, damit man es von seinen niederrheinischen Verwandten unterscheiden kann.

Adresse Eick Bräu, Mühlenweg 4, 17192 Peenehagen OT Groß Gievitz, Tel. 039934/7750, www.gievitzer.de | Bier-Steckbrief Brauart obergärig, Alkoholgehalt 5,0 Prozent vol., Stammwürze 13° Plato | Öffnungszeiten gibt es im eigentlichen Sinne nicht. Aber zu den üblichen Geschäftszeiten ist meistens jemand da. | Tipp Das Bear Beer, ein »Extra-Stark-Bier«, in dänischer Manier in Dargun gebraut.

51 Gilde Ratskeller Premium Pils

In Erinnerung an bessere Zeiten

Es gibt ja mancherorts Rumdrucksereien, wenn von dem ältesten Gewerbe der Welt die Rede ist, auch und gerade in Hannover, dabei gibt es hier überhaupt keinen Grund, sich zu genieren. Das älteste Gewerbe in Hannover ist eine Brauerei. Wir wissen nicht, ob Cord Broyhan Brauer wurde, weil die Leute ihn immer wegen seines Namens veräppelt haben, aber es ist bekannt, dass er am 31. März 1526 ein eigenes Bier erfand (siehe Berliner Weiße). Es war obergärig und wurde prompt nach ihm benannt. 1546 war das Broyhan-Bier ein Exportschlager, und Cord und die anderen Brauer schlossen sich zu einer Gilde zusammen, die zu ihrem Zeichen den sogenannten »Broyhan-Taler« wählte. 1609 wurde die Gilde von der Stadt anerkannt, was ihr Pflichten auferlegte, aber auch einen gewissen Bestandsschutz gab. Zwar wurde das Broyhan-Bier noch bis 1919 in der Köbelingerstraße gebraut, aber mit dem Aufkommen der Industrialisierung zeigte sich schnell, dass mit den alten Gilde-Methoden kaum noch Staat zu machen war.

Die Gilde veränderte sich zu einer Aktiengesellschaft, fusionierte, gründete und errichtete schließlich an der Hildesheimer Straße eine der modernsten Brauereien der Welt. Gegen Ende des 20. Jahrhunderts schien es nur bergauf zu gehen. Nachdem der Horex-Fahrer aus dem Norden sich mit seiner Stamm-Marke überworfen hatte, produzierten die Hannoveraner den Bölkstoff und erwarben eine Brauerei nach der anderen, so das Brauhaus Wolter in Braunschweig und die Hasseröder Brauerei in Wernigerode.

Doch im 21. Jahrhundert stand die Gilde selbst auf der Einkaufsliste. Sie wurde 2003 Teil der Anheuser-Busch-InBev-Gruppe.

Da andere Marken in Deutschland überregional gesehen ein größeres Renommee besitzen, wurde die Produktion bei Gilde zurückgefahren, der Bölkstoff ging zurück nach Flensburg. Es gibt nicht wenige, die die Rückstufung der Hannoveraner bedauern.

Adresse Gilde Brauerei AG, Hildesheimer Straße 132, 30173 Hannover, Tel. 0511 / 98080, www.gildebrau.de | Bier-Steckbrief Brauart untergärig, Alkoholgehalt 4,9 Prozent vol., Stammwürze 11,7 Prozent | Öffnungszeiten Von Besichtigungen ist leider nichts bekannt. | Tipp Das Pott's Pilsener aus Oelde. Ein Bier, das es »krachen« lässt (ein Zungenzeuge).

52 Goss-Bräu Märzen

Im Märzen der Bauer …

Bier und Bayern sind für viele identisch, aber weniges ist so bayerisch wie das Märzbier. Denn ursprünglich durfte nur im Winter gebraut werden, genauer gesagt zwischen dem 29. September (St. Michael) und dem 23. April (St. Georg). Dieses Verbot hatte zwei offizielle Gründe. Einen großen und einen kleinen. Der große Landesvater gab sich besorgt um das Wohl der Biertrinker. Ohne Kühlung würde das Sommerbier schnell schlecht werden und wenig Freude bereiten. Der kleinere Grund hatte mit Arbeitsschutz zu tun. Im Sommer bestand beim Brauen auf Grund der Trockenheit in der Umgebung größere Brandgefahr. Was möglicherweise auch mit dem Zustand zu tun hatte, in dem manche Brauer ihrer Tätigkeit nachgingen.

Das Bier, welches kurz vor Ende der dunklen Jahreszeit ins Fass kam, sollte so lange wie möglich halten. Dazu wurden die Fässer um den März herum (daher der Name) in tiefe Felsenkeller gerollt, die dann zusätzlich mit abgeschlagenem Eis gefüllt wurden. Um ganz sicherzugehen, dass das Getränk nicht verdirbt, machte man das Märzenbier stärker als alles andere. Märzenbier hat einen Stammwürzegehalt, der um ein paar Prozent höher liegt als bei den normalen Verwandten. In der Regel sollten es mindestens 13 Prozent sein, beim Oktoberfestbier kommt sogar noch ein halbes Prozent dazu.

Das Märzen der Brauerei Goss kommt aus dem Labertal unweit von Regensburg. Man ist in dieser traditionsbewussten und erfahrenen Brauerei besonders stolz darauf, dass bei der Produktion alles aus einer Hand kommt. Das heißt also, dass zum Beispiel Gerste nicht eingekauft, sondern selbst angebaut wird. Und da weiß man definitiv, was in das Bier reinkommt.

Wer die Brauerei persönlich besucht, kann hier noch traditionelle Gastlichkeit erleben. Es gibt unter der Woche »bierige« Spezialitäten, am Wochenende deftige Küche, und zweimal im Monat wird geschlachtet. Dann schmeckt das Bier noch mal so gut.

Adresse Brauereigasthof Goss, Regensburger Straße 16, 93180 Deuerling, Tel. 09498/1512, Internet: keine Chance | Bier-Steckbrief Brauart untergärig, Alkoholgehalt 5,5 Prozent vol., Stammwürze 13,5 Prozent | Öffnungszeiten Di–Fr ab 17 Uhr, Sa ab 12 Uhr, So ab 10 Uhr | Tipp Das würzige Roggen aus dem Hause Thurn & Taxis aus Regensburg. Passt sehr gut zu Wild.

53 Hacker-Pschorr Münchner Hell

Eiskalt serviert

Die Hacker-Pschorr-Brauerei ist ein früher Vorreiter der Doppelnamen-Mode. Da es sich bei dem Betrieb auch um ein alteingesessenes Münchner Unternehmen handelt, wissen viele auch, dass es durch Heirat entstanden ist und irgendwie zu Paulaner gehört, aber wer genau wer war, ist nicht immer deutlich. Das ist ein bisschen so wie bei dem Film Thelma & Louise, wo ja auch nur knallharte Fans aus dem Stand sagen können, wer Thelma war und wer Louise.

Die Geschichte des Unternehmens begann 1793, als Joseph Pschorr die Tochter seines Brauherrn, Maria-Theresia Hacker, heiratete. In der Folge kam es zu diversen Unternehmenserweiterungen und neuen Projekten, die alle entweder seinen Namen oder den der holden Gattin trugen. Die offizielle Fusion der beiden Namen fand erst 1972 statt. Heute gehört die Brauerei zum Paulaner-Verbund.

In Werbung und Selbstdarstellung kommt die Bierbrauerei gerne zünftig und traditionell daher. Geschichten wie die, dass früher die Qualität getestet wurde, indem sich einige Herren in Lederhosen auf eine Bank setzen mussten, über die zuvor Bier gekippt worden war, werden gerne kolportiert, verstellen aber manchmal den Blick darauf, dass der Ruhm des bayerischen Biers nicht nur auf Tradition, sondern auch auf Innovation beruht.

Es war der Münchner Professor Carl von Linde, der mit seiner Kältemaschine dafür sorgte, dass das Bier – erst von Hacker-Pschorr, dann auch von anderen Unternehmen – auch ohne Eis gekühlt blieb. Die Kältemaschine Lindes ist für den weltweiten Aufstieg des deutschen Bieres so wichtig wie die Erfindung des Kühlwagens für die Schlachthöfe von Chicago. Und dass es mittlerweile auf dem Oktoberfest eine Bierpipeline gibt, welche die Paulaner-Zelte mit Gerstensaft versorgt, zeigt, dass der Erfindergeist – immer zum Wohle und im Einklang mit der Tradition – weiterhin aktiv ist.

Adresse Hacker-Pschorr Bräu GmbH, Hochstraße 75, 81541 München, Tel. 089/51060, www.hacker-pschorr.de | Bier-Steckbrief Brauart untergärig, Alkoholgehalt 5,0 Prozent vol., Stammwürze 11,5 Prozent | Öffnungszeiten Führungen Mo–Fr 12.30 Uhr und 13.30 Uhr | Tipp Ein Besuch im Hacker-Pschorr-Bräuhaus auf der Theresienhöhe 7.

54 Hasseröder Premium Pils

Die Lokalmatadore aus dem Harz

Wernigerode gehört zu den Städten, die so aussehen, als wären sie mit dem Hintergedanken geplant worden, sie könnten eines Tages auf einer Modelleisenbahnanlage landen. Verwinkelte Häuschen mit spitzen Dächern und Giebeln, die sich über enge Gassen einander entgegenrecken, als hätten sie Furcht davor, eines Tages ganz allein in der Landschaft zu stehen. Dass die anheimelnde Verwinkeltheit bis heute überlebte, liegt wohl auch daran, dass es zu DDR-Zeiten an Geld und am Ende wohl auch an Energie mangelte, die Stadt – in welchem Sinne auch immer – umzugestalten.

Ähnliches Glück war auch der Brauerei Hasseröder hold. Das in dem 1907 eingemeindeten Ortsteil angesiedelte Unternehmen überlebte bis zur Wende in der Nische. In der Gegend um Magdeburg war das Bier gefragt und geschätzt, ohne jedoch einen Einkaufstourismus auszulösen, wie ihn beispielsweise die sächsischen (Radeberger) und thüringischen (Wernesgrüner) Marken kannten.

Nach dem Fall der Mauer geriet die Brauerei in die Obhut des traditionsreichen hannoverschen Gilde-Unternehmens. Unter der neuen Führung verließ Hasseröder die denkmalgeschützten Mauern und zog in einen anderen Ortsteil Wernigerodes.

Richtig Fahrt nahm die Produktion auf, als die Gilde-Brauerei in Hannover Teil des weltumspannenden Konzerns Anheuser-Busch InBev wurde. Nun war genug Geld da, um Hasseröder Pils landesweit zu bewerben, aber auch gleichzeitig der Marke – quasi rückwirkend – eine Art verbindende Ost-Identität zu geben.

Bald zeigte sich, dass sich die Investitionen gelohnt hatten und die Strategie richtig war. Heute ist Hasseröder *die* Pilsmarke in den östlichen Bundesländern, und deutschlandweit kommt sie immerhin auf einen beachtlichen dritten Platz. Was letztlich an der Qualität liegt. Mancher meint, das Hasseröder ist genau das richtige Bier für Leute, die mit den Giganten aus dem Sauerland nicht so viel anfangen können.

Adresse Hasseröder Brauerei GmbH, Auerhahnring 1, 38855 Wernigerode, Tel. 0800/52205205, www.hasseroeder.de | **Bier-Steckbrief** Brauart untergärig, Alkoholgehalt 4,9 Prozent vol., Stammwürze 11,3 Prozent | **Öffnungszeiten** Es gibt Führungen, nähere Informationen unter www.wernigerode-tourismus.de | **Tipp** Das Brauhaus Heine in der Villa Heine in Halberstadt schenkt ein handwerklich gebrautes, gut gezapftes und überzeugendes Bier aus.

55_Hellers Alt

The Final Frontier

Es gibt die Kölsch-Konvention. Die regelt – verbindlich! –, welches Bier sich Kölsch nennen darf. Woraus folgt: Kölsch kann nur in Köln gebraut werden. In Düsseldorf gibt es bekanntermaßen das Alt. Aber … es gibt keine Alt-Konvention. Alt kann man – theoretisch – brauen, wo man will. Es war also nur eine Frage der Zeit, bis sich ein besonders wagemutiger Kölner dazu aufschwingen würde, diese letzte Bastion des wahren Düsseldorfertums zu erstürmen.

Am 14. Dezember 2013 war es dann so weit. Der begeisterten und interessierten Weltöffentlichkeit (vielleicht mit einer Ausnahme) wurde das erste in Köln gebraute Alt präsentiert. Der Slogan, unter dem das Produkt gestartet wurde, lautete naheliegenderweise »Die kölsche Alternative«, was sich aber nicht nur auf das Bier, sondern auch auf die Machart bezog. Das Heller Alt ist eines der ersten Bio-Alt-Biere der Region.

Und damit hier gar kein falscher Eindruck entsteht. Im Brauhaus Heller gibt es auch ein Kölsch. Und ein Wieß (eine Art trübes Kölsch). Und ein Weizen. Und ein Pils. Und einen Maibock. Und jede Sorte ist eine Kostprobe wert.

Das Brauhaus Heller wirkt jünger und vitaler als viele andere Brauereien, was aber auch damit zu tun hat, dass die amtierende Chefin Anna Heller jünger ist als viele andere. Wobei Vitalität in ihrem früheren Traumberuf nicht unbedingt die Hauptrolle spielte. Sie wollte Gerichtsmedizinerin werden, und wenn sie diesen Wunsch wahr gemacht und ihren Arbeitsplatz am Melatengürtel gewählt hätte, dann hätte sie wohl vermehrt mit Gästen zu tun gehabt, die entschieden weniger Lebensfreude an den Tag legten.

Die Idee zur Brauerei kam ihrem Vater, der 1991 seinen Traum in der Innenstadt wahr machen konnte, nachdem diverse bürokratische Hürden überwunden worden waren. Und das Brauhaus wird auch in Zukunft unkonventionell arbeiten, Indiz dafür ist der jüngst präsentierte Kräuterschnaps Kallendresser.

Adresse Brauerei Heller GmbH, Roonstraße 33, 50674 Köln, Tel. 0221 / 242545, www.hellers-brauhaus.de | **Bier-Steckbrief** Brauart obergärig, Alkoholgehalt 4,7 Prozent vol., Stammwürze 11,7 Prozent | **Öffnungszeiten** Das Brauhaus ist täglich ab 17 Uhr geöffnet. | **Tipp** Das Pink Panther aus der Braustätte Helios (www.braustelle.com), ein Ale mit Hibiskusblüten.

56_Hoepfner Pilsner

Eine feste Burg ist unsere Braukunst

Es ist nicht so, dass jeder, der Müller heißt, automatisch eine Mühle haben muss, aber bei einem Namen wie Hoepfner – Hoepfner wie Hopfen – könnte das Schicksal schon irgendwie vorbestimmt sein.

Gebraut wird bis heute auf der »Hoepfner-Burg«, die um die Wende vom 19. zum 20. Jahrhundert erbaut wurde. Zur Anlage gehört auch ein Gastraum mit dem Namen Schalander. Wenn man sich hier zum ersten Date verabredet und es sich von Anfang an so richtig schwer machen will, dann sollte man seiner Begleitung erklären, dass sich dieser Namen vom Lateinischen »Scandalare« ableitet.

Angefangen hatte alles 1798, als Karl Friedrich Gottlieb Hoepfner die Brauerei in Liedolsheim begründete. Und ohne Liedolsheim jetzt unrecht tun zu wollen (die dortige Kartbahn ist immer einen Besuch wert), Karlsruhe war schon die größere Attraktion. Deshalb zog die Brauerei auch 1848 in die Kaiserstraße. Bis zur Einführung der professionellen Kühlung vergingen noch ein paar Jahrzehnte, deshalb wurden die ersten Hoepfner-Biere noch mit Gletschereis aus den Alpen gekühlt.

Die Familie Hoepfner hat das Unternehmen über Jahrhunderte so stark geprägt, dass der Einfluss bis heute noch überall spürbar ist, auch wenn es in diesem Jahrhundert zu einem Besitzerwechsel kam. 2005 wurde Hoepfner an die Brau Holding International verkauft, das ist jenes Unternehmen, in dem bayerische und holländische Brauer ihre Kräfte bündeln. Anfangs blieb noch ein Mitglied der Familie Hoepfner als Geschäftsführer tätig, aber dann zog auch es sich zurück.

Doch ganz egal, was sich in den letzten Jahrzehnten geändert hat; ebenso egal, wie hoch die Burg der Brauerei ist, über allem schwebt heute noch der Geschmack des nahezu himmlischen Hoepfner-Pilses. Deshalb: Verfassungsgericht hin oder her. Wer sagt »Dafür gehe ich bis nach Karlsruhe«, der könnte auch einen Besuch in der Hoepfner-Brauerei meinen.

Adresse Privatbrauerei Hoepfner GmbH, Haid-und-Neu-Straße 18, 76131 Karlsruhe, Tel. 0721/61830, www.hoepfner.de | **Bier-Steckbrief** Brauart untergärig, Alkoholgehalt 4,7 Prozent vol., Stammwürze 11,5 Prozent | **Öffnungszeiten** Führungen durch die Burg finden meist Mittwochnachmittag oder Samstagvormittag statt. Informationen unter der zentralen Telefonnummer. | **Tipp** Ein Besuch des Hoepfner Burghof-Restaurants und Hotels (dieselbe Adresse wie die Brauerei).

57_Hofbräu München Original

Die HB-Männer von München

Das Hofbräuhaus in München am Platzl ist eine Attraktion für die Welt. Festsäle wie die Bierschwemme mit ihren über 1.000 Plätzen, Musiker in Lederhosen, die mit aufgeblasenen Backen unter ihren Gamsbarthüten ihre Umtata-Musik spielen, vollbusige Kellnerinnen im Dirndl, die sich zielsicher ihren Weg durch eine lärmende Menge bahnen: ob es dem Rest Deutschlands gefällt oder nicht, das Hofbräuhaus bestimmt in vielen Teilen des Auslands immer noch das Bild, das man sich von unserem Land macht. Was nicht zuletzt daran liegen dürfte, dass es seit 2004 in Las Vegas eine originalgetreue und offiziell lizenzierte Kopie gibt.

Dabei ging es beim Hofbräuhaus von Anfang an nicht nur um Gaudi, sondern immer auch um handfeste wirtschaftliche Interessen. Der bayerische Herzog Wilhelm V. gab 1589 den Bau des Hauses in Auftrag, weil er seine Untergebenen bei Laune halten und sie mit Gerstensaft versorgen wollte, der ihn billiger kam als die Importe, die bislang aus Einbeck (siehe Seite 82) kamen.

Der erste Braumeister Heimeran Pongratz kam aus der Hallertau. Er hatte sein Handwerk in einem Kloster gelernt, und von seinem Bier weiß man heute noch, dass es sehr stark war. Ob es allerdings wirklich mit der niedersächsischen Konkurrenz mithalten konnte, ist zu bezweifeln, sonst hätten die Münchner wohl nicht den Elias Pichler von den Norddeutschen abgeworben. Danach wuchs die Popularität des Hauses immer mehr. 1828 wurde der Gasthausbetrieb aufgenommen, seit 1844 der Bierpreis subventioniert, was wesentlich zur Volkstümlichkeit des Etablissements beitrug. 1918 hielt Hitler im Festsaal im ersten Stock seine erste öffentliche Rede, im Zweiten Weltkrieg wurde das Gebäude durch Bombentreffer schwer beschädigt und erst 1958 zur 800-Jahr-Feier Münchens wieder vollständig eröffnet.

Und was man auf keinen Fall vergessen sollte: Das Hofbräu Original ist ein subtil herbes, sehr trinkbares Bier.

Adresse Staatliches Hofbräuhaus in München, Am Platzl 9, 80331 München, Tel. 089/290136100, www.hofbraeu-muenchen.de | Bier-Steckbrief Brauart untergärig, Alkoholgehalt 5,1 Prozent vol., Stammwürze 11,3 Prozent | Öffnungszeiten Bier-Lokale 9–23 Uhr. Der Souvenirladen, in dem man die Hofbräuhauskrüge und vieles andere kaufen kann, ist täglich ab 11 Uhr geöffnet. | Tipp Das helle, goldige Hofbräu Festbier. Kann man auch trinken, wenn es gar nichts Besonderes zu feiern gibt.

58_Holsten Pilsener

Hamburgs Black Knight

Am Anfang stand ein Businessplan. Kühl kalkulierenden Hamburger Pfeffersäcken war aufgefallen, dass die lokalen Brauereien mit Namen wie Häusler, Haefke, Segerling oder Schnoor ein gutes Auskommen hatten; da lag die Überlegung nahe, die eigene Finanzkraft zu bündeln und die Konkurrenz durch eine große lokale Marke zu ersetzen. Am 24. Mai 1879 wurde die Holsten-Aktiengesellschaft gegründet, und im selben Jahr wählte man sich einen schwarzen Ritter, der auf einem Rappen zum Angriff stürmt, als Wappenzeichen. Das heraldische Symbol stand einst für den schauenburgischen Grafen Johann III., heute wird es wohl fast überall zuvörderst mit der Holsten-Brauerei in Verbindung gebracht.

Die Braustätten von Holsten befanden sich lange Jahre – bis zur Eingemeindung in den 30er Jahren des letzten Jahrhunderts – auf exterritorialem Gebiet (in Preußen und Schleswig-Holstein, um genau zu sein), jedoch sorgten die Gründer schnell dafür, dass Holsten bald als typisch hamburgische Marke wahrgenommen wurde. Da Hamburg nun mal schon immer Hafenstadt war, lag selbstverständlich auch der Export nahe, und da sich nicht wenige Hamburger für eine Art verlorenen britonischen Stamm halten, war eine Ausfuhr ins Angelsächsische geradezu zwingend. Schon 1903 wurde in Wandsworth (nicht zu verwechseln mit Wandsbek) die erste englische Filiale in Betrieb genommen.

Unter den beiden Weltkriegen litt sowohl der Export als auch die Produktion von Holsten, aber egal, wie schwer die Rückschläge auch waren, man berappelte sich immer wieder. 1957 wurden die Bande nach England wieder geknüpft. In den 90ern die australische Marke Foster's gekauft und vermarktet, ebenso wie ein nigerianisches Bier mit dem eingängigen Namen Bergedorf. Bei so viel Internationalität ist es dann auch nicht mehr verblüffend, dass Holsten 2004 von dem skandinavischen Carlsberg-Konzern geschluckt wurde.

Adresse Holsten-Brauerei AG, Holstenstraße 224, 22765 Hamburg, Tel. 040/381010, www.holsten-pilsener.de | **Bier-Steckbrief** Brauart untergärig, Alkoholgehalt 4,8 Prozent vol., Stammwürze 11,8 Prozent | **Öffnungszeiten** Es gibt Seminare und ähnliche Veranstaltungen. Näheres findet sich unter www.holsten-brauwelt.de. | **Tipp** Das Grönninger Pils aus der gleichnamigen Privatbrauerei und derselben Stadt.

59 Hornecker Hell

Aus dem Herzen des Hopfenlandes

So, Freunde der Alliteration, hier kommt ein ganz heißer Hinweis: Das Hornecker Hell kommt aus der Hallertau, hingebungsvoll handgemacht direkt aus dem holden Herzen des heiteren Hopfenlandes. Die Brauerei Horneck ist somit eine, die nicht nur mit ausgesucht guten Zutaten braut (das machen viele, um nicht zu sagen: alle), nein, mehr noch: Da die Hornecker in der Hallertau direkt an der Quelle sitzen, können sie exklusiv als einzige bayerische Brauerei nur mit eigenen Rohstoffen arbeiten. Mehr geht nicht.

Der Hopfen wächst ja gleich um die Ecke, und wer als Bauer in der Gegend wohnt und Sommergerste anzubieten hat, von deren Qualität er überzeugt ist, der kann vorbeikommen und sein Angebot machen. Die zuständige Abteilung ist von Montag bis Freitag von 7 bis 17 Uhr unter 08753/503 zu erreichen. Bitte nicht vergessen, mindestens ein Kilo Mustergetreide mitzubringen.

Und aus diesen ausgewählten Zutaten wird ein Bier gebraut, das sich sehen lassen kann. Wie der leider viel zu früh verstorbene Bier-Guru Michael Rudolf schrieb: »Vor dieser Hopfeninszenierung müssen sich glatt 81 Prozent aller Pilsener verstecken.«

Das Gute an langlebigen Familiengeschichten ist, dass sie sich im Rückblick wie eine einzige immer aufwärtsstrebende Erfolgsgeschichte lesen. Als 1927 in der Brauerei eine neue Abfüllanlage eingeführt wurde, belief sich der Ausstoß auf 100 Flaschen pro Stunde; bedient wurde das Gerät von zwei Mitarbeitern. 70 Jahre später waren es schon 36.000 Flaschen pro Stunde, dabei hatte sich die Zahl der Arbeiter an den Maschinen gerade mal verdoppelt. Wenn man das exponentiell hochrechnet, wird irgendwann der Tag kommen, an dem ein paar Dutzend Mitarbeiter ausreichen, um den Weltbierbedarf zu decken. Jeden Tag. Rund um die Uhr. Dann wird allüberall große Freude herrschen. Außer natürlich bei denen, die dann immer noch am Band stehen müssen. Aber selbst sie können sich auf einen äußerst edlen Hopfentropfen freuen, der ihnen den Feierabend versüßt.

Adresse Brauerei Horneck GmbH & Co. KG Josef Stempfhuber, Horneck 7, 84094 Elsenhof, Tel. 08753 / 503, www.brauerei-horneck.de | **Bier-Steckbrief** Brauart untergärig, Alkoholgehalt 4,8 Prozent vol., Stammwürze 12° Plato | **Öffnungszeiten** Informationen über Brauereiführungen in der Hallertau finden sich hier: www.regiondo.de/ brauereifuhrung-in-der-hallertau. | **Tipp** Das würzige Hornecker Spezial, das ideale Bier für kurze Wintertage.

60 Jever Pilsener

Von Friesland in die Welt

Die Vorfahren des brillanten amerikanischen Polemikers H. L. (Henry Louis) Mencken stammen aus Oldenburg. Burckhardt Ludwig, sein Urgroßvater, wanderte 1848 nach dem deutschen Revolutionsversuch in die Vereinigten Staaten aus, um – wie der Enkel später sagte – »einer angedrohten Überdosis Demokratie zu entgehen«. Opa Mencken heiratete eine Jamaikanerin und machte so alle Nachfahren gegen angelsächsischen Puritanismus immun. Die Menckens siedelten sich in Neuengland in Baltimore an und besaßen bald eine Zigarrenfabrik und konnten es sich aufgrund ihres Einkommens und ihrer geistigen Unabhängigkeit leisten, auf den täglichen gesellschaftlichen Trubel mit mildem Spott herabzublicken. Aber wie es in der Fremde so ist: Die Wurzeln lassen einen nicht los. Henry Louis hielt wenig von Opas Zigarrenfabrik, aber umso mehr von deutscher Kultur und Lebensart. Er verkündete, dass es nur zwei Arten von Musik gäbe: »deutsche und schlechte«, und in den Nullerjahren des 20. Jahrhunderts unternahm er dann endlich eine Reise auf den alten Kontinent, wo er auch das Land der Vorväter besuchte. Anfangs war er verblüfft, weil er sich in England viel heimischer fühlte als in Deutschland, aber als er zum ersten Mal einen Biergarten besuchte, sprach die Stimme der Vorfahren zu ihm. Er war begeistert von der Gemütlichkeit, den riesigen Schnitzeln, aber vor allem pries er das Bier. Worauf er verkündete: »England gab uns den Puritanismus, Deutschland das Pilsener [was so nicht ganz stimmt, aber es ist ja der Gedanke, der zählt] – wählen Sie selbst!«

Das friesische Jever liegt ungefähr 60 Kilometer von Oldenburg entfernt. Hier wird ein Pilsener gebraut, welches hilft, bei Menckens zitierten Alternativen die richtige Entscheidung zu treffen. Es ist, wie der Werbespruch des Hauses vermuten lässt, eher herb als hold, aber das muss ja nicht falsch sein. Das Jever ist ein Bier für Kenner.

Adresse Friesisches Brauhaus zu Jever GmbH & Co. KG, Elisabethufer 18, 26441 Jever, Tel. 04461/130, www.jever.de | Bier-Steckbrief Brauart untergärig, Alkoholgehalt 4,9 Prozent vol., Stammwürze 11,2 Prozent | Öffnungszeiten Es gibt Führungen durch Brauerei und Museum, siehe hier: www.stadt-jever.de | Tipp Das Probier (das Getränk heißt wirklich so, das Wortspiel ist beabsichtigt) aus der Auricher Stadtperle.

61 Keesmann Herren Pils

Nicht nur für Gentlemen

Das Keesmann Herren Pils ist weltbekannt – auch und vor allem unter Angelsachsen –, was unter anderem das Verdienst von Bier-Evangelisten wie Michael Jackson ist, die Gerstensaft-Know-how auch bis in den hintersten Winkel der Erde verbreiten. Wobei man einschränkend erwähnen muss, dass dieser Michael Jackson nichts mit jenem am Ende beinahe weißen Ausnahmemusiker zu tun hat, der vor einigen Jahren unter tragischen Umständen aus dem Leben schied. Wiewohl ich allerdings nicht ausschließen würde, dass der Bierkenner Michael Jackson unter bestimmten Umständen auch einen beeindruckenden Moonwalk hinlegen könnte, wenn er all die Biere, über die er in seinem Leben geschrieben hat, tatsächlich selbst getrunken hat, was ehrlich gesagt sogar recht wahrscheinlich ist.

Allerdings ist Übersetzen oft wie Stille-Post-Spielen, weshalb in einigen angelsächsischen Publikationen aus dem Herren Pils ein Herreh Bier wurde. Und das macht nun gar keinen Sinn. Also, meine Herren: Es heißt Herren Pils; Herr wie Gentleman. Trinken kann es natürlich jeder, und es sollte vielen schmecken. Dieses klassische Pils hat Extraklasse, wobei ich nicht verschweigen möchte, dass ich die Beschreibung »mittelgrober Schaum« zum ersten Mal im Zusammenhang mit dieser Sorte gehört habe.

Das Getränk kam in der Bamberger Wunderburg im 19. Jahrhundert in einer Brauerei zur Welt, die direkt gegenüber der Maria-Hilf-Kirche liegt.

Somit gehört sie schon qua Lage zum Bamberger Bieradel. Wer das Herrenpils in der Fremde trinken will, muss meist mit der Flasche mit dem lindgrünen Etikett vorliebnehmen. Puristen, die glauben (und wir möchten diese Vermutung gerne in den Rang einer unbestreitbaren Tatsache erheben), dass das Bier aus dem Hahn noch einen Tick besser schmeckt, müssen sich also wohl oder übel nach Bamberg begeben, wo es neben der Brauerei auch einen zünftigen und stimmungsvollen Bierkeller gibt.

Adresse Brauerei Keesmann, Wunderburg 5, 96050 Bamberg, Tel. 0951/9819810, www.braugasthoefe.de/de/brauerei-keesmann | Bier-Steckbrief Brauart untergärig, Alkoholgehalt 4,6 Prozent vol., Stammwürze 11,8 Prozent | Öffnungszeiten Gasthof Mo–Fr 10–23 Uhr, Sa 9–15 Uhr | Tipp Das »glanzfeine und hellgelbe« Mahr's Bräu Pilsener, ebenfalls aus Bamberg.

62 Ketterer Zwickel Pils

Ein Hoch auf Hornberg

Genau wie sich in der Gastronomie nach dem Siegeszug des Fast Foods die Gegenbewegung Slow Food etablierte, genauso gibt es bei der Bierherstellung das »Slow brewing«, was eigentlich eine Selbstverständlichkeit beschreiben sollte, denn Husch und Pfusch sind selten gut, aber wenn alles, was einleuchtend ist, auch selbstverständlich wäre, dann bräuchte niemand je ein Bier.

Hier werden Dinge wie Pasteurisieren oder geschwefelter Hopfen eher scheel angesehen. Die kleine Familienbrauerei Ketterer jedenfalls ist ein Anhänger des gründlichen und gediegenen Brauens. Pasteurisierung bleibt hier, was es ursprünglich schon immer war: ein Fremdwort. Wie bei Unternehmen mit ähnlicher Philosophie gibt es weder Dosen noch Einwegflaschen, und während man bei manchen Brauereien den Eindruck hat, es geht ihnen um nichts weniger als die Weltherrschaft, ist bei Ketterer nach einem Umkreis von mehr als 60 Kilometern um die Brauerei Schluss. Wer außerhalb dieses Zirkels Ketterer Bier trinken will, der muss halt nach Hornberg kommen. Was an Energie und Wärme gebraucht wird, wird aus dem Holz des Schwarzwalds gewonnen.

Aber das größte Pfund der Brauerei ist – bei allen mit großer Sorgfalt ausgewählten Zutaten – die hauseigene Quelle. Das musste schon Michael Ketterer, der Gründer der Familiendynastie, geahnt haben, als er 1877 die Brauerei/Gastwirtschaft »Zum Felsen« übernahm. Denn das für das Ketterer Bier verwendete Wasser entspringt einem Stollen, der vor Jahrhunderten mit Hand in den Berg geschlagen wurde, und ist als natürliches Mineralwasser anerkannt. Es sorgt auch ohne den Zusatz von Kohlensäure für das nicht nur beim Bier geschätzte Prickeln am Gaumen.

Und mit derselben Ruhe und Gelassenheit, mit der das Familienunternehmen seine Biere braut (neben dem Zwickel gibt es natürlich auch Weiß-, Bock- und Edelbiere), sollte man auch ihre Produkte genießen.

Adresse Familienbrauerei M. Ketterer GmbH & Co. KG, Frombachstraße 27, 78132 Hornberg, Tel. 07833/93960, www.kettererbier.de | **Bier-Steckbrief** Brauart untergärig, Alkoholgehalt 4,9 Prozent vol., Stammwürze 11,6 Prozent | **Öffnungszeiten** Führungen gibt es nicht, aber von Mo–Fr findet zwischen 9–12 und 13–16 Uhr ein Bierverkauf direkt von der Rampe statt. | **Tipp** Das Hirsch Premium Pils aus Wurmlingen, ebenfalls eine Schwarzwälder Spezialität.

63 König Ludwig Dunkel

Die Majestät und der Trend

Also, da wäre zum einen die Schlossbrauerei Kaltenberg, in deren Vorstand Luitpold Prinz von Bayern sitzt. Aber da der Name lizenziert werden kann, gibt es auch im Ausland Biermarken mit dem Wort Kaltenberg im Titel, aber über die reden wir hier nicht. Außerdem hat die Brauerei neben Kaltenberg drei weitere Produktionsstandorte in Bayern, so in Fürstenfeldbruck, Holzkirchen und Thannhausen. Wir bleiben aber auf Schloss Kaltenberg, wo das König Ludwig Dunkel seinen Anfang nahm.

Darüber hinaus kooperiert die Schlossbrauerei mit der Warsteiner-Gruppe. Es gibt also insgesamt ziemlich viele Väter, die den Erfolg für sich reklamieren können, aber am Ende ist es der Wittelsbacher, der hier den Löwenanteil für sich in Anspruch nehmen kann. Was unter anderem damit zu tun hat, dass Bayern und Bier nicht nur gefühlt viel miteinander zu tun haben, die Wittelsbacher haben im Laufe der Jahrhunderte immer wieder gezeigt, wie sehr ihnen der Hopfentrunk am Herzen liegt.

Herzog Ludwig der Strenge war immerhin nicht so streng, dass er 1260 den Bau einer Brauerei unterbunden hätte, und Herzog Wilhelm IV. ist vor allem für sein 1516 etabliertes Reinheitsgebot bekannt, nach dem Bier aus keinen anderen Zutaten als Hopfen, Malz, Hefe und Wasser bestehen darf.

In einem Land, wo es so viel »Helles« gibt, hatte natürlich auch das Dunkelbier, das würziger und markanter im Abgang war als sein bleicher Verwandter, sein Dasein. Nur galt es im letzten Viertel des 20. Jahrhunderts als vom Aussterben bedroht. Was Prinz Luitpold aber nicht hinderte, in seinen Brauereien genau so ein Dunkelbier brauen zu lassen. Heute sagen manche, er sei damit etwas zu früh dran gewesen. Das Köstritzer Schwarzbier habe viel von dem Ruhm eingeheimst, der eigentlich dem König Ludwig zugestanden hätte, aber dass Majestät mit dieser Kreation was ganz Besonderes gelungen ist, das bestreitet niemand.

Adresse König Ludwig GmbH & Co. KG Schlossbrauerei Kaltenberg, Augsburger Straße 41, 82256 Geltendorf, Tel. 08141 / 2430, www.koenig-ludwig-brauerei.com | **Bier-Steckbrief** Brauart untergärig, Alkoholgehalt 5,1 Prozent vol., Stammwürze 12 Prozent | **Öffnungszeiten** Von Führungen et cetera ist leider nichts bekannt. Aber es gibt Ritterspiele auf dem Schloss. | **Tipp** Im Laufe der Jahre haben sich zum König Ludwig Dunkel noch ein König Ludwig Weißbier und – genau – ein Helles gesellt.

64 König Pilsener

Nicht nur heute ein König

In der ersten Hälfte des 19. Jahrhunderts vollzog sich in der Welt der Biertrinker eine Revolution. Waren bis dato Bierkrüge aus Ton verbreitet, viele mit einem aufklappbaren Deckel (damit keine Fliegen hineinfallen), verbreiteten sich nun Gläser über den Kontinent.

Als 1842 eine böhmische Brauerei aus Pilsen ihr Produkt auf den Markt brachte, schlug es ein wie eine Bombe. Das Bier schmeckte gut, und da das Malz nur leicht durch Luft erhitzt wurde, war die Farbe des Getränks goldgelb und klar. Das sah im Glas eindeutig besser aus als die Konkurrenz. Bald begannen Brauereien überall auf dem Kontinent Pilsener Bier zu brauen. Bis die Erfinderfirma einen Urheberschutz durchsetzen konnte. Seitdem dürfen andere Marken ihr Pilsener nur noch so nennen, wenn sie in der Bezeichnung den Namen der Brauerei oder der Herkunftsstadt führen. Ob der Name nun aber »Pilsner« oder »Pilsener« geschrieben wird, ist nicht reglementiert.

Die Brauerei König gehörte zu den ersten deutschen Unternehmen, die Bier nach Pilsener Brauart brauten. Die Firma wurde 1858 gegründet, das König Pilsener gibt es allerdings erst seit 1911. Nach Jahren der Expansion, in der Zeit nach dem Zweiten Weltkrieg war das »KöPi« für eine Weile sogar Marktführer, ging das Unternehmen schließlich 2004 in der Bitburger Braugruppe auf. Seitdem ist die Marke via Sponsoring bei vielen Ereignissen präsent, doch manchmal zeigt sich auch im Kleinen, was Biertrinker mit ihrem Getränk verbindet. Im Hamburger Grindelviertel gab es jahrzehntelang das Dieze, von seinen Stammgästen nur »KöPi« genannt, weil dies das Bier war, welches aus dem Zapfhahn kam. Nach Differenzen mit dem Vermieter sollte das Dieze schließen. Doch die Stammgäste legten zusammen, konnten auch Wirt und Brauerei überzeugen und machten ein paar Meter weiter eine neue Kneipe in der Heinrich-Barth-Straße 15 unter dem alten Namen auf. Einmal »KöPi«, immer »KöPi«.

Adresse Köstritzer Schwarzbierbrauerei, Heinrich-Schütz-Straße 16, 07586 Bad Köstritz, Tel. 036605/2000, www.koestritzer.de | Bier-Steckbrief Brauart untergärig, Alkoholgehalt 4,8 Prozent vol., Stammwürze 11,4 Prozent | Öffnungszeiten Brauereiführungen sind wochentags nach Voranmeldung möglich. | Tipp Auch das Kellerbier und das Edelpils des Hauses kann man bedenkenlos probieren.

66_Krombacher Pils

Eine Welt für sich

Die Anfänge der Krombacher Brauerei waren, wie Anfänge es meist an sich haben, eher klein und bescheiden. Johannes Haas gründete die Brauerei am 4. Februar 1803. Eigentlich wollte er das gar nicht, aber er hatte von seinem Vater die Schankwirtschaft übernommen, und da gab es eben noch so eine jahrhundertealte Verordnung, die besagte, dass man Bier nur ausschenken durfte, wenn man auch selbst welches braute. Also fing Herr Haas mit dem Brauen an. Auch in Sachen Quellwasser wurde nicht das branchenübliche Gedöns gemacht. Der Gründer lud einfach ein paar Fässer auf einen Ochsenkarren und füllte das kostbare Nass aus dem Grobach in die Fässer hinein. Als er keine Lust mehr hatte, immer die Ochsen anzuspannen, ließ er eine Leitung legen.

Der große Aufschwung kam im 20. Jahrhundert, als die Brauerei – nach mehreren Besitzerwechseln – das damals noch mit C geschriebene Crombacher Pilsener auf den Markt brachte.

Krombacher ist heute vielleicht die Brauerei, die den Gedanken, dass Bier für viele mittlerweile ein Lifestyle-Accessoire ist, am konsequentesten umgesetzt hat. Dass es neben dem Bier auch noch Gläser und Flaschenöffner in allen Formen und Farben gibt, ist mittlerweile eine Selbstverständlichkeit, aber hier gibt es auch Uhren, Halstücher, Regenschirme, Sweatshirts, T-Shirts, Daunenjacken, Sonnenschirme, Luftmatratzen und Rucksäcke. Natürlich alle mit dem Krombacher Logo versehen. Wer will, kann also den Rest seines Lebens als Markenbotschafter verbringen und so seine Sympathie für das Getränk jedem sichtbar zeigen.

Man könnte sich natürlich auch einfach nur ein Glas bestellen, trinken und genüsslich »Ah!« sagen. Das sehen dann nicht so viele, ist aber vielleicht genauso überzeugend. Und so oder so, genug Anhänger hat »die Mutter aller Fernsehbiere« auf jeden Fall. Bei Krombacher weiß man genau, was die biertrinkenden Massen wünschen. Nach Oettinger ist Krombacher die klare Nummer zwei hierzulande.

Adresse Krombacher Brauerei, Hagener Straße 261, 57223 Kreuztal-Krombach, Tel. 02732/8800, www.krombacher.de | **Bier-Steckbrief** Brauart untergärig, Alkoholgehalt 4,8 Prozent vol., Stammwürze 11,2 Prozent | **Öffnungszeiten** Die Krombacher Erlebniswelt bietet Erfahrungen für alle Sinne. Infos auf der Webseite. | **Tipp** Ein Bier aus der Hausbrauerei in Suttrop. Das gibt es auch ohne T-Shirt.

67 Krug-Bräu Pilsner

Voll auf die Zehn

Es gibt diverse Bewertungsportale für Bierqualitäten, und der moderne Mensch ist gut beraten, wenn er sich solchen Institutionen mit einer gehörigen Portion Skepsis nähert. Aber selbst so gewappnet fällt auf, wenn ein Bier von kundiger Zunge die Höchstnote verliehen bekommt. Meist die Zehn, oder was es eben sonst so als Topwert gibt. Das Krug-Bräu Pilsner kam mehrfach zu dieser Ehre, und man kann diesen positiven Eindruck auch nur bestätigen, wenngleich man vor derartigen Superlativen und Lobhudeleien doch eher zurückschreckt. Mit einer glatten Zehn ist dieses Bier also so etwas wie die Nadia Comaňeci unter den deutschen Gerstensäften.

Das Krug-Bräu Pilsener kommt aus dem Brauereigasthof und Tanzcenter Krug in Waischenfeld, einem kleinen Ort westlich von Bamberg. Nun kann man natürlich fragen, warum der Laden nicht Gasthof und Tanzzentrum heißt oder Brewery & Dance Center, aber solche Fragen sind mal wieder typisch für die zugereisten Städter, die einfach nicht wissen, was wirklich im Leben wichtig ist.

Die Brauerei Krug liegt von alters her an einem alten Handelsweg, der seit Menschengedenken Nürnberg und Bayreuth verbindet. Unter dem Dach des Hauses leben und arbeiten drei Generationen, woran man sehen kann, dass ein Ideal, das anderswo mit viel Mühe und Hilfskonstruktionen angestrebt wird, ganz einfach zu verwirklichen ist, wenn man ein gemeinsames Interesse hat. Was in diesem Falle das Bier ist.

Chef Konrad »Conny« Krug sieht sich beim Bierbrauen als Künstler, der mit seinen Kreationen sein Publikum inspirieren und unterhalten will. Der Vergleich ist nicht schlecht gewählt, denn schließlich sagen auch viele Menschen aus künstlerischen Berufen, dass der Applaus ihr flüssiges Brot ist.

Aber am Ende zählt vor allem anderen der Eindruck am Gaumen, und da zeigt sich schnell: Dieses Bier ist Kunsthandwerk im besten Sinne des Wortes.

Adresse Brauereigasthof und Tanzcenter Konrad Krug, Breitenlesau 1b, 91344 Waischenfeld, Tel. (Büro) 09202/535, www.krug-braeu.de | Bier-Steckbrief Brauart untergärig, Alkoholgehalt 4,8 Prozent vol., Stammwürze 12° Plato | Öffnungszeiten Gasthof Mi–So von 9–23 Uhr | Tipp Das preisgekrönte, preisenswerte Drei Kronen Stöffla aus Memmelsdorf. Ein Rauchbier der milderen Art.

68_Landskron Pilsner

Die Brauerei auf dem Weinberg

Dieses Bier schmeckt. Das machen andere auch. Also, wie macht man auf sich aufmerksam? In Deutschland soll es um die 5.000 Biersorten geben (was ein Drittel aller Sorten weltweit ausmacht), da ist man doch froh, wenn man endlich so etwas wie ein Alleinstellungsmerkmal gefunden hat. Also war die Landskronbrauerei in Görlitz jahrelang damit beschäftigt, die östlichste Brauerei Deutschlands zu sein. Doch wie es ist, wenn man eine Idee hat, irgendwann kommt jemand und sattelt noch einen drauf.

In diesem Fall war es die Hausbrauerei Obermühle, die sich eine Biegung der Neiße weiter östlich ansiedelte und nun mit diesem Superlativ hausieren gehen kann. Das war 2006. Seitdem muss sich die Landskronbrauerei einen neuen Slogan suchen. Mein Vorschlag ginge so in die Richtung »Mit Kronkorken ganz oben«. Der Landskron ist ein Berg, der etwa 400 Meter über der Stadt thront und früher auch als Weinberg diente, daher dürfte die Landskronbrauerei eine der wenigen sein, die ihr Geschäft inmitten von vormaligen Rebenranken versieht.

Der Kronkorken ist übrigens als Verschluss nicht so hoch angesehen wie der Bügelverschluss, aber das heißt ja noch nicht, dass seine Geschichte langweilig ist. Der Kronkorken ist etwas jünger als der Bügelverschluss und eindeutig amerikanischen Ursprungs. Ein gewisser William Paintner ließ ihn am 2. Februar 1892 zum Patent anmelden. Im Prinzip war damals schon alles so wie heute, nur mit einem entscheidenden Unterschied: Statt 21 Zacken hatte der Ur-Kronkorken 24.

Und wenn Ihnen beim Biertrinken jemand zu sehr auf die Nerven geht, dann können Sie ihn mit diesem Thema gerne ein wenig langweilen.

Also, warum sind dem Kronkorken im Laufe der Jahre drei Zacken aus der Krone gebrochen? Wenn Sie die Antwort tatsächlich interessiert, googeln Sie einfach: »Horst Lang, Krones AG, Neutraubling« dürfte als Suchworteingabe reichen.

Adresse Landskron Brau-Manufaktur GmbH & Co. KG, An der Landskronbrauerei 116, 02826 Görlitz, Tel. 03538/4650, www.landskron.de | **Bier-Steckbrief** Brauart untergärig, Alkoholgehalt 4,8 Prozent vol., Stammwürze 11,6 Prozent | **Öffnungszeiten** In der Landskron Kulturbrauerei gibt es jede Menge Angebote. Details und Zeiten finden sich unter www.landskron.de/kulturbrauerei.html. | **Tipp** Das Wittichenauer Pils aus der Stadtbrauerei, ein typisches, sehr trinkbares Lausitzer Bier, gebraut unterm Storchennest.

69 Lasser Premium Pils

Leben und leben Lasser

Vielleicht gab es früher mal ein Gesetz, in dem vorgeschrieben wurde, dass Orte, die sich in Dreiländerecken befinden, mit L beginnen müssen; auf jeden Fall scheint es so, da Lörrach wie Löbau in einer Gegend liegt, wo die Grenzen dreier Nationen aufeinanderstoßen, nur sind das hier neben Deutschland Frankreich und die Schweiz.

Dieser Landstrich gehört jetzt nicht unbedingt zu jenen Landesteilen, die man als Erstes mit den großen Bierregionen assoziiert, aber erstens ist das ein Fehler, und zweitens sagt diese Unkenntnis nichts über die Qualität des im Hause gebrauten Bieres aus. Und nicht zuletzt hat die Randlage den Vorteil, dass sich hier Selbstbild und Stolz von familiären Brauereien klarer zeigen als anderswo.

Der erste Punkt, auf den viele Brauereien gern hinweisen, ist, dass sie schon lange im Geschäft sind und sich seit Generationen in Familienbesitz befinden. Die Lasser-Brauerei macht hier keine Ausnahme. Sie wurde 1858 von Adam Lasser gegründet, und auch wenn die amtierende Brauerfamilie Walter heißt, ist sie doch direkter Teil der Dynastie. Der Laie mag sich fragen, ob es denn nun ein Bier unbedingt besser macht, wenn es aus einer Brauerei kommt, die in der achten – und nicht beispielsweise in der vierten – Generation im Familienbesitz ist. Aus Sicht der Brauerei sieht das natürlich anders aus.

Der Hinweis auf die vielen Vorfahren ist immer auch als Scheck für die Zukunft zu verstehen: Wir haben so viel überstanden, uns wird auch keine kommende Herausforderung aus den Latschen hauen. Meist befindet sich neben dem Hinweis auf die Ahnentafel auch eine dezente Anspielung darauf, dass diese Beständigkeit beileibe keine Selbstverständlichkeit ist. Auch das ist bei der Brauerei Lasser nicht anders. Früher gab es in Lörrach noch zehn Brauereien, heute ist davon nur eine übrig geblieben – Lasser. Wer wissen will, warum, probiere das Premium Pils.

Adresse Brauerei Lasser GmbH & Co. KG, Belchenstraße 5, 79539 Lörrach, Tel. 07621/40200, www.lasser.de | **Bier-Steckbrief** Brauart untergärig, Alkoholgehalt 5,0 Prozent vol., Stammwürze 11,7° Plato | **Öffnungszeiten** Besuchsmöglichkeiten gibt es nicht, aber auf der Webseite findet man einen Film über das Unternehmen. | **Tipp** In der Enkendorfer Hobbybrauerei gibt es verblüffende Biere mit Namen wie »Saufaus« und »Volldampf«. Einfach mal überraschen lassen.

70 Leikeim Premium Pils

Leik it or leave it

Es wäre eine schöne Legende, wenn es sich bei Leikeim um eine ganz besondere Gerstenart handelte. Eine, die nur unter besonders behutsamer und kundiger Behandlung des Braumeisters keimt. Eine Saat, die unter Einsatz des Lebens vom Gründer des Unternehmens aus dem Serail eines Herrschers aus dem Morgenlande geschmuggelt wurde. Um ein ganz, ganz besonderes Bier zu brauen.

Aber leider verbirgt sich hinter dem Namen Leikeim niemand anders als ein ehemaliger Metzgermeister mit dem Vornamen Johannes, der im Jahre 1887 gerne Brauer werden wollte. Wirt war er zu diesem Zeitpunkt schon, und so vereinte er drei Berufe in einer Person. Das war ein Know-how, welches ihm in der Gastronomie sehr zupasskommen sollte.

Das Markenzeichen der Leikeimer Brauerei ist der Bügelverschluss. Den gibt es zwar anderswo auch, aber bei Leikeim gibt es nichts ohne Bügel, auch die Brause nicht. Und wenn sie Milch verkauften, dann wäre die wohl auch nur in der Bügelflasche zu haben.

Was die erlesenen Zutaten angeht, sitzt man im Frankenland natürlich an der Quelle, weshalb sich die Leikeimer naheliegenderweise in der Region versorgen. Man betont hier, dass zum Brauen nur zweizeilige Gerste verwendet wird. Das ist gut so, denn so kann man bei der Gelegenheit gleich mal klären, was das ist.

Letztlich ist es wie überall vor allem eine Frage der »Ähre«. Bei der zweizeiligen Gerste sitzt nur ein Korn am Halm, bei der mehrzeiligen mehrere. Das einzelne Korn ist größer als die Zusammenrottung der Konkurrenz, deshalb ist hier auch das Malz besser. Man könnte also sagen, bei der Gerste ist es ähnlich wie bei der Mandarine. Je weniger Körner (Kerne), umso besser. Leikeim verwendet auch nur eigene Hefe, aber darüber reden wir ein andermal. Vielleicht. Jetzt noch ein letztes Wort zum Gerstensaft an sich: Ein echt fränkisches Bier, das ziemlich lange auf der Zunge »nachhallt« und sich aufs Angenehmste ins Gedächtnis prägt.

Adresse Brauhaus Altenkunstadt, Gewerbegebiet 4, 96264 Altenkunstadt, Tel. 09572/75050, www.leikeim.de | Bier-Steckbrief Brauart untergärig, Alkoholgehalt 4,9 Prozent vol., Stammwürze 11,4 Prozent | Öffnungszeiten Eine Brauereibesichtigung geht virtuell auf der Webseite und real vor Ort. Für Letzteres Frau Häußinger unter Tel. 09572/750514 anrufen. | Tipp Ein Bier und eine Brotzeit im Brauereigasthof Schnupp in Neudrosselfeld.

71 Licher Premium Pilsner

Mit Volldampf voraus

Die Licher Privatbrauerei nahm ihren Anfang, als Johann Heinrich Jhring 1854 in Lich eine Dampfbierbrauerei aufmachte. Wer genauer wissen will, was das ist, schaue unter Dampfbier Zwiesel (Seite 70) nach.

1922 kommt es dann zum Zusammenschluss mit der Gambrinus Brauerei in Butzbach. Während des Zweiten Weltkrieges wächst die Produktion rasant, auch wenn die Hessen davon in den ersten Jahren wenig mitbekommen. Die Brauerei wird zur Army Brewery umgewidmet und produziert ausschließlich für die amerikanischen Truppen, die in der Gegend stationiert sind. Es gibt diverse Berichte darüber, wie die Luftbrücke nach West-Berlin 1948 dazu beitrug, dass aus Siegern und Besiegten Freunde und Partner wurden; es könnte sich durchaus auch mal jemand daranmachen und untersuchen, inwieweit das Licher Pils in Hessen geholfen hat, Vorurteile und Animositäten abzutragen.

Erst fünf Jahre nach Kriegsende kommen die Einheimischen wieder in den Genuss des Bieres, welches nun auch unter dem Markennamen »Licher« firmiert.

Danach ging es genauso rasant weiter wie zuvor. Die Produktion wuchs und wuchs. 1981 wurden zum ersten Mal über eine Million Hektoliter produziert, und Marktführer in Hessen ist das Bier sowieso seit Ewigkeiten. Dass die Marke zudem in Werbespots auf einen Eisvogel setzt und nicht wie in diesen Jahren üblich auf Segelboote und kernig in die Ferne blickende Männer, bleibt tatsächlich so etwas wie Unverwechselbarkeit.

Trotz des Booms ging es dann 1999 nicht mehr allein. Licher wurde zu einem Teil von Holsten, mit großer Betonung auf der Eigenständigkeit. Und mit Holsten ging es dann zu Carlsberg.

Bei so großen Produktionsmengen und letztlich dann doch multinationalen Verflechtungen könnte man skeptisch werden, aber am Ende hilft alles nichts: Das Licher ist gut.

Adresse Licher Privatbrauerei Jhring-Melchior GmbH, In den Hardtberggärten, 35423 Lich, Tel. 06404/820, www.licher.de | **Bier-Steckbrief** Brauart untergärig, Alkoholgehalt 4,9 Prozent vol., Stammwürze 11,5 Prozent | **Öffnungszeiten** Brauereibesichtigungen bei Frau Tanja Wichmann unter 06404/825122 anmelden. | **Tipp** Licher Premium Export. Der Name klingt wie doppelt gemoppelt (Premium! Export!!), aber nicht abschrecken lassen.

72 Lösch-Zwerg Pils

Neues Bier in alten Flaschen

Die Brauerei Schimpfle ist ein altehrwürdiges Haus, im vorvorletzten Jahrhundert gegründet und seit Langem ein guter Name in der Bierwelt. Doch das allein reicht nicht mehr, wenn die Gerstensaftwelt immer globaler wird. Also brachte das Unternehmen den Lösch-Zwerg heraus, in der Hoffnung, dass das Bier zum Kultgetränk wird. Der Lösch-Zwerg firmiert unter »Bier-Spezialität« und kommt in den kleinen wulstigen Steinie-Flaschen, die lange als hoffnungslos verstaubt galten, aber spätestens seit dem Astra-Relaunch wieder irgendwie hip sind.

Kein Zweifel, der Lösch-Zwerg wendet sich auch an Leute, die bislang mit Biertrinken wenig am Hut hatten. Das Konzept scheint aufzugehen, denn inzwischen gibt es eine ganze Lösch-Zwerg-Produktfamilie. Neben dem Pils auch ein Radler oder ein Cola-Weizen, alle im selben witzigen Design.

Man kann über derartige modische Versuche leicht die Nase rümpfen, aber dabei wird schnell vergessen, dass auch Bier nicht immer da und traditionell war. Als das Pilsener aufkam, hellgelb statt brühig braun und – Alter, das musst du dir mal reinziehen – in Gläsern, da war es bei den Konsumenten der neueste trendsetzende Shit. Insofern sind innovative Versuche zu begrüßen. Und auf der Webseite gibt es ein Lösch-Zwerg-Spiel, das entfernt an Tetris erinnert und noch mehr Spaß macht, wenn man Lösch-Zwerg dabei trinkt. Und wenn man die Flasche öffnet, bietet sich auch hier die Gelegenheit zum Spiel. Auf der Innenseite der Kronkorken sind Würfelpaare abgebildet, die sich ebenfalls in ein Glücksspiel integrieren lassen.

Doch all die hübschen Ideen wären vergebens, wenn – wie Werbemenschen neudeutsch sagen – der Markenkern nicht stimmte. Doch da muss man sich beim Lösch-Zwerg keine Sorgen machen. In der Flasche gluckert ein sorgsam gebrautes, trinkbares Bier. Mit dem Begriff »feinherb« wird vielerorts Schindluder getrieben, hier trifft er vorbehaltlos zu.

Adresse Brauerei Schimpfle GmbH & Co KG, Hauptstraße 16, 86459 Gessertshausen, Tel. 08238/96370, www.loeschzwerg.de | Bier-Steckbrief Brauart untergärig, Alkoholgehalt 5,2 Prozent vol., Stammwürze 12,4 Prozent | Öffnungszeiten leider nichts bekannt | Tipp Das Ustersbacher Privat Pils aus, ja genau, Ustersbach, nur einen Katzensprung entfernt. Lecker, süß und rau – wer kann da widerstehen?

73 Löwenbräu Oktoberfestbier

Alle Jahre wieder

Mittlerweile dürfte der Leser bei bestimmten Brauereien ein gewisses Muster erkennen, weshalb wir uns hier der Geschichte dieses Hauses auch in Stichpunkten nähern können: jahrhundertealte Tradition. Aufstieg. Örtliche Fusion. Und schließlich internationale Vernetzung. So lief es auch hier. Die Anfänge von Löwenbräu gehen bis in das 14. Jahrhundert zurück, dann wurde man zur Lokalgröße. Dann ging man zusammen mit Spatenbräu, und dann endete man bei Anheuser-Busch InBev.

Aber darüber wollten wir hier ja auch gar nicht reden, sondern über das Bier. Genauer gesagt das Oktoberfestbier. Nun ist das Löwenbräu nicht das einzige Oktoberfestbier – so gut wie jede Brauerei, die etwas auf sich hält, bringt zu den tollen 16 Tagen ein Bier heraus; insgesamt gehen dabei mehr als sieben Millionen Liter durch die Kehlen, aber was macht ein Bier zum Oktoberfestgetränk?

Zwar ist im Oktoberfestbier der Alkoholgehalt etwas höher als normal (sechs Prozent statt fünf), aber entscheidend ist, dass auch die Stammwürze höher liegt. So bei mindestens 13,5 Prozent.

Bleibt nun noch die Frage, was Stammwürze eigentlich ist.

Vereinfacht gesagt: Stammwürze ist die Essenz, der Kern des Bieres. Der Stoff, der das Bier ausmacht, die Komponenten, die mit über die Frage entscheiden, wie sehr es reinhaut. Um die Situation weiter zu verkomplizieren, gibt es zwei Methoden, die Stammwürze zu messen. Einmal in Prozent, einmal in Grad Plato, eine Maßeinheit, die nach einem deutschen Chemiker benannt wurde. Fieserweise sind die Prozente und Grad Plato nicht direkt ineinander umrechenbar. Wie sagte schon Aristoteles: »Ich liebe Plato, aber noch mehr liebe ich die Wahrheit.« Tja, klingt gut, hilft uns hier aber nicht weiter. Sagen wir einfach: Je höher die Stammwürze, desto behutsamer sollte man das Bier trinken. Maße in Massen schaden am Ende mehr als sie nutzen. Aber Genuss sollte sowieso immer im Vordergrund stehen.

Adresse Löwenbräu AG, Nymphenburger Straße 7, 80335 München, Tel. 0800/52205206, www.loewenbraeu.de | Bier-Steckbrief Brauart untergärig, Alkoholgehalt 6,2 Prozent vol., Stammwürze 13,8 Prozent | Öffnungszeiten Brauereiführungen finden samstags statt und an jedem ersten Freitag im Monat. Gruppen mit mehr als 20 Personen sollten sich anmelden. | Tipp Das Oktoberfestmuseum (www.bier-und-oktoberfestmuseum.de) in der Sterneckerstraße 2 in München.

74_Lübzer Pils

Alles andere als lütt

Es gibt nicht wenige etablierte Marken, die beinahe plötzlich von einem Tag auf den anderen verschwinden – oder zumindest so weit schrumpfen, dass sie außerhalb des Heimatzirkels kaum noch wahrgenommen werden. Und dann gibt es wieder andere, die führten jahrzehntelang ihr unspektakuläres Dasein in der Provinz und werden plötzlich zu Stars hochgejazzt. Was nichts über die Qualität des einen oder anderen Biers sagen will. Man kann unbekannt und dennoch sehr gut sein, allein die Prinzipien, auf denen diese Strategien beruhen, die würde man schon gern mal erfahren.

Die Lübzer Brauerei war bis zum Ende des Zweiten Weltkrieges eine angesehene Mecklenburgische Brauerei. Nicht mehr und nicht weniger. Nach Ende des Krieges fiel Mecklenburg in die sowjetische Besatzungszone, was für die Brauerei insofern von Bedeutung war, als dass sie sich zu 55 Prozent in amerikanischen Händen befand. Trotz aufkommenden Kalten Krieges. Ihren ehemaligen Alliierten konnten die Sowjets nicht so einfach enteignen. Also wurde die Anlage erst mal demontiert und danach der Betrieb treuhänderisch verwaltet.

Dass das Lübzer Pils zu den trinkbaren DDR-Bieren gehörte, wurde auch daran deutlich, dass ein Großteil der Produktion »in den Westen« ging. Außerdem war die Brauerei noch in einem weiteren Punkt sensationell: Sie besaß als einzige Brauerei im Osten eine Abfüllanlage für Dosen. Wovon aber die Biertrinker im Umland keine einzige sahen.

1991 stieg die Holsten-Brauerei ein, modernisierte kräftig und machte jede Menge Werberummel. Vielen Mecklenburgern dürfte erst zu diesem Zeitpunkt bewusst geworden sein, was für eine tolle Biermarke sie da in ihrem Land hatten. Im Westen war Lübzer sowieso neu, denn das, was früher über die Grenze ging, wurde unter einem anderen Namen vertrieben.

Der Aufwand hat sich gelohnt. Heute ist das Lübzer Pils als Marke so groß wie nie zuvor.

Adresse Mecklenburgische Brauerei Lübz GmbH, Eisenbeinstraße 1, 19386 Lübz, Tel. 038731/360, www.luebzer.de | **Bier-Steckbrief** Brauart untergärig, Alkoholgehalt 4,9 Prozent vol., Stammwürze 11,5 Prozent | **Öffnungszeiten** Für Führungen ist Rita Fürchow zuständig, per E-Mail erreichbar unter besichtigung@luebzer.de. | **Tipp** Das hanseatisch-herbe Rostocker Pilsener, das seinerseits zur Radeberger Gruppe gehört.

75 Maisel's Weisse

Prickelnd wie ein Schaumweingetränk

Das amtierende Oberhaupt der Maisel-Bierbrauer-Dynastie hört auf den nicht ganz urbayerischen Vornamen Jeff. Auf seiner Facebook-Seite hat er ein Foto von einem Mann (er selbst? das ist im Dunkeln nicht so gut zu erkennen) gepostet, der mit begeistert strahlenden Augen ein Glas Bier trinkt. Darunter steht der Spruch: »Bier ist besser als Champagner.« Damit sich aber nicht alle Franzosen auf den Schlips getreten fühlen, liegt auch noch dekorativ ein Kleidungsstück im Bild, welches unübersehbar die Initialen des Mode-Designers Yves Saint Laurent trägt. Mit diesem Bildnis ist eigentlich schon ziemlich viel über das Unternehmen Maisel und seine Weisse (warum Bierbrauereien ihr Weißbier immer mit Doppel-s schreiben, weiss ich auch nicht) gesagt. Auf jeden Fall wird die Philosophie des Unternehmens deutlich: Konzentrier dich auf das, was du kannst, akzeptiere, wo andere gut sind, und hab Spaß am Leben.

Die Brauerei wurde Ende des 19. Jahrhunderts gegründet, die folgenschwerste Entscheidung der Unternehmensgeschichte fiel 1955, als sich die Brüder Hans und Oskar Maisel entschlossen, ein Weißbier auf den Markt zu bringen. Der stolzen These auf der Facebook-Seite des Sprösslings zum Trotz wurde das nördlich des Weißwurstäquators ziemlich ungewöhnliche Getränk als »Champagner-Bier« beworben. Was aber die französischen Schaumweinproduzenten überhaupt nicht lustig fanden. Ein neuer Name musste her und voilà: Maisel's Weisse war geboren.

In der Folge wandelte sich das Unternehmen zu einer Spezialbierbrauerei. Ein jährlicher Ausstoß von um die 400.000 Hektoliter ist nicht schlecht, aber im Vergleich zu Großkonzernen sind das natürlich Peanuts. In der Vergangenheit gingen Teile des Unternehmens an Veltins, die aber 2005 wieder zurückgekauft wurden. Denn auch in Zukunft will Maisel seine Eigenheiten und seine Unabhängigkeit bewahren.

Adresse Brauerei Gebrüder Maisel KG, Hindenburgstraße 9, 95445 Bayreuth, Tel. 0921/4010, www.maisel.com | Bier-Steckbrief Brauart untergärig, Alkoholgehalt 5,2 Prozent vol., Stammwürze 12,7 Prozent | Öffnungszeiten Das Brauerei- und Büttnerei-Museum im Haus kann besichtigt werden. Die Anmeldung ist online möglich. PS: Büttnerei heißt so viel wie Fassmacherei. | Tipp Die ebenfalls sehr gute Schneider Weisse vom Schneider Bräu aus Weißenburg.

76 Mellenthiner Hell

Auf Usedom und drum herum

Man kann geteilter Meinung sein, ob es wirklich eine so gute Idee ist, auf einer Insel ein Wasserschloss zu erbauen. Zumal wenn es sich um eine Insel handelt, die mit so vielen Einbuchtungen versehen ist wie das Ostsee-Eiland Usedom. Braucht man ein Wasserschloss, wenn man sowieso nur ein paar hundert Meter laufen muss, um am Meer zu sein?

Aber die adelige Familie derer von Neuenkirchen hielt das für eine gute Idee, und da sie das nötige Geld dafür hatte, baute sie. Das war 1575. Nach fünf Jahren war das Schloss fertig. Während des Dreißigjährigen Krieges fiel das Gut kurzzeitig an die Schweden. Dann wurde es allodifiziert, was ein tolles Wort dafür ist, dass man jemand enteignet, ihm aber dafür auch eine Entschädigung zahlt.

Nach dem Zweiten Weltkrieg gab es eine Enteignung ohne Allodifizierung. Aus dem Schloss wurde – unter anderem – ein Kindergarten und ein Heimatmuseum.

2001 wurde der Besitz wieder privatisiert, und seit 2011 gibt es auf dem Gelände auch eine Brauerei.

Die Anlage ist im rechten Flügel des Schlosses untergebracht. Neben den Standardsorten Mellenthiner Hell und Dunkel gibt es auch – wenn der Braumeister Lust hat – Weizen-, Bock- und Rauchbiere. Das Ganze wird mit einem gewissen Augenzwinkern betrieben. Das Mellenthiner Hell wird in einem urigen Glas serviert und lächelt den Interessenten einladend goldgelb an. Es hat ein individuelles Hopfenaroma und einen eigenen Geschmack. Wer den Versuch wagt, wird nicht enttäuscht werden.

Man legt in Mellenthin schon Wert auf qualitativ gutes Bier, allerdings gibt es bis jetzt noch keine Expansionsabsichten oder gar einen überregionalen Vertrieb. Deshalb muss, wer das Bier probieren will, sich am besten vor Ort begeben. Hier wird er für seine Mühe allerdings mehr als entschädigt. Die Bierverkostungen sind als Event gestaltet, mit Gauklervorführungen und mittelalterlicher Musik.

Adresse Brauerei Wasserschloss Mellenthin, Dorfstraße 25, 17429 Mellenthin, Tel. 038379/28930, www.wasserschloss-mellenthin.de/brauerei.html | Bier-Steckbrief Brauart untergärig, Alkoholgehalt 4,7 Prozent vol., Stammwürze 11,8° Plato | Öffnungszeiten Die sind saisonabhängig, am besten auf der Webseite prüfen. | Tipp Falls es nötig und hilfreich ist: Für den Kater danach gibt es im Wasserschloss auch eine Kaffeerösterei.

77_Mettlacher Abtei-Bräu

Manchmal werden Märchen wahr

Es klingt wie ein Märchen, aber es ist dennoch keine Sage, sondern wirklich die wahrhaftige Realität: Es gab einmal zwei befreundete Ehepaare im Saarland, die ein gemeinsames Hobby teilten. Sie tranken gerne Craft-Biere. Nun hätten die vier dieser Leidenschaft noch Jahre frönen können, aber eines Tages kamen die beiden Frauen (das ist möglicherweise der verblüffendste Teil an der ganzen Geschichte, aber er ist glaubhaft überliefert) auf die Idee, das Handwerk selbst anzugehen und ein eigenes Bier zu brauen.

Die Männer sagten nicht nur aus Höflichkeit, dass ihnen das Ergebnis mundete, und bald darauf kam man zu dem Schluss, dass man sich in einer eigenen Brauerei so fühlen würde wie ein Kind in einem Bonbonladen. Ein Traum würde wahr werden. Man könnte jeden Tag das Bier trinken, welches einem am besten schmeckt. Man könnte dazu noch Freunde und Gäste aus der ganzen Welt einladen und ihnen das beste Bier der Welt kredenzen.

Natürlich waren vor diesem Schritt noch jede Menge Behördengänge und Papierkram zu erledigen, außerdem musste ja noch ein Name gefunden, die Brauerei bestückt und – auch das nicht unwichtig – ein passendes Wappen entworfen werden.

Am 29. März 1997 war es dann so weit, die Mettlacher Abteibrauerei öffnete ihre Pforten. Und wie von den Machern erhofft, bekamen Bierfreunde aus nah und fern Nachricht von der neuen Brauerei, die sich da kurz vor der französischen Grenze etabliert hatte.

Es gibt in Deutschland – auch in diesem Buch – viele Brauereien, die sich als traditionsbewusste Familienunternehmen zeigen, in denen seit Generationen das Erbe der Vorväter bewahrt wird. Beim Mettlacher Abtei-Bräu hat man die Gelegenheit, live zu erleben, wie eine Tradition etabliert wird. Aber nicht nur deshalb nennen die Mettlacher ihre Location Erlebnis-Brauhaus. Denn wer will, kann hier nicht nur Essen und Trinken, sondern auch beim Brauen zusehen.

Adresse Mettlacher Abtei-Bräu GmbH, Bahnhofstraße 32, 66693 Mettlach, Tel. 06864/ 93232, www.abtei-brauerei.de | **Bier-Steckbrief** Brauart untergärig, Alkoholgehalt 4,8 Prozent vol., Stammwürze 12,0 Prozent | **Öffnungszeiten** täglich 11–25 Uhr (sic), Mo Ruhetag | **Tipp** Das Körpricher Landbräu (www.koerpricher-landbrauerei.de). Gibt es auch zum Mitnehmen in der Kanne.

78 Mittenwalder Karwendel Hell

In Sachen Bier ganz oben

Im 21. Jahrhundert läuft ohne professionelles Marketing nichts mehr, weshalb mittlerweile auch die kleinste Brauerei mindestens einen Mitarbeiter hat, der sich mit der Öffentlichkeitsarbeit beschäftigt. Meist nimmt er das Telefon schon nach ein paar Mal Klingeln ab und erklärt: »Der Chef ist nicht da.«

Dabei ist es nicht unmöglich, auch als kleines Familienunternehmen aus der Konkurrenz herauszuragen. Die Privatbrauerei Neuner aus dem bayerischen Mittenwald wirbt damit, die höchstgelegene Brauerei Deutschlands zu sein. Das milde und würzige, nach alter Tradition gebraute Karwendel Hell ist eines von acht Sorten des Hauses. Manchen Trinker erinnert es in seinem Geschmack an Produkte, die in böhmischen Gefilden gebraut werden. Und es gehört zu den Bieren der Mittenwalder, die auch in anderen Landstrichen zu haben sind. Was den Braumeistern aus den Bergen schmeicheln dürfte, aber wohl kaum dazu führt, dass man hier abhebt. Heimatverbundenheit und Bodenständigkeit gehören zum Credo nicht weniger Brauereien, auch auf ihre familiäre Tradition sind viele stolz, doch in Mittenwald wird der Familienbegriff noch weiter gefasst. Hier arbeiten nicht nur Generationen der Eigentümer im Unternehmen, auch unter den Mitarbeitern gab und gibt es nicht wenige, die zeit ihres Lebens – vom Jungspund bis zum Aufstieg zum alten Hasen – keinen anderen Arbeitgeber kennen gelernt haben als diese Brauerei, die 963 Meter über dem Meeresspiegel wirkt. Für manchen mag eine solche Verbundenheit ein Albtraum sein, für andere ein Paradies, welches er an anderen Plätzen auf dieser Welt vergeblich sucht.

Wenn eine Brauerei in so luftigen Höhen arbeitet, sind auch die Lieferadressen etwas ungewöhnlicher. So wird das Mittenwalder Bier auch in die Gamshütte (940 Meter über Meereshöhe) und auf die Wettersteinalm (1.400 Meter über Meereshöhe) gebracht.

Adresse Brauerei Mittenwald, Innsbrucker Straße 13, 82481 Mittenwald, Tel. 08823/1007, www.brauerei-mittenwald.de | **Bier-Steckbrief** Brauart untergärig, Alkoholgehalt 4,9 Prozent vol., Stammwürze 11,8 Prozent | **Öffnungszeiten** Führungen werden gern gemacht. Anmeldung bitte unter Tel. 08823/1007. | **Tipp** Ein Bier von Max-Bräu (www.max-bier.de) aus Burgebrach. Mindestens so legendär wie die Hähnchen des Hauses.

79 Mönchshof Kellerbier

Ich trage einen großen Namen

Der Mönchshof ist ein altes Brauereigelände in Kulmbach. Ursprünglich befand sich hier – wie der Name vermuten lässt – eine Klosterbrauerei – aber dann kam es wie überall in Bayern zum Schicksalsschlag – 1803, Napoleon, Enteignung et cetera – der Mönchshof ging an einen Gerbermeister. Erst 1846 wurde mit einer Mälzerei die Bierherstellung wieder aufgenommen. Und dann ging es nach der Jahrhundertwende richtig zur Sache. Die Brauerei bekam einen eigenen Gleisanschluss. Nach dem Ende des Ersten Weltkrieges wurde ein Friedensbier gebraut, welches dankenswerterweise etwas höherprozentig als das normale war und in den 50er Jahren erreichte die Produktion bis dahin und seitdem nie wieder gekannte Höhe.

Dann kommt die nächste Jahrhundertwende und mit ihr das Ende. Die Brauerei wird von den Kulmbachern übernommen. Einige Jahre zuvor war allerdings schon das Bayerische Brauereimuseum in das Gebäude eingezogen. Später kamen noch ein Bäckereimuseum und ein museumspädagogisches Zentrum hinzu. Attraktion des Brauereimuseums sind die gläsernen Sudkessel, wodurch die Besucher das Brauen tatsächlich aus nächster Nähe verfolgen können.

Die Kulmbacher Brauerei AG wurde schon 1895 gegründet, im Laufe der Jahre gab es die branchenüblichen Verbindungen und Formationen, für den Laien ist dabei nur wichtig, dass der Name Mönchshof immer für überdurchschnittliche Qualität stand.

In Anknüpfung an die großen Traditionen brachte die Kulmbacher Brauerei jüngst das Mönchshof Kellerbier heraus. Kenner wissen, was sich dahinter verbirgt. Dieses Bier gehört zu jenen, die aus den meisten Hobby-Rezensenten Freizeit-Poeten machen. Adjektive wie »lecker«, »süffig«, »blumig« werden gerne verwendet in Sätzen, mit denen versucht wird, die Erfahrung einzufangen. Doch so sprachlich vollkommen manche Beschreibungen sein mögen, am Ende geht nichts über einen Selbstversuch. Und wer derart eingeweiht ist, der kann dann auch das Weihnachtsbier probieren.

Adresse Kulmbacher Brauerei AG, Lichtenfelser Straße 9, 95326 Kulmbach, Tel. 09221/ 7050, www.kulmbacher.de | Bier-Steckbrief Brauart untergärig, Alkoholgehalt 5,4 Prozent vol., Stammwürze 12,4 Prozent | Öffnungszeiten Alles Wichtige zum Brauereimuseum findet man unter www.kulmbacher-moenchshof.de/Brauereimuseum.htm | Tipp Das Kapuziner Kellerweizen. Ein vollmundiges Weißbier aus demselben Hause.

80_Moritz Fiege Pils

Unabsteigbar und heimatverbunden

Dass ein mittelständisches Unternehmen zumindest mit den örtlichen Honoratioren gut vernetzt ist, kann man in der Regel daran erkennen, dass die Adresse den Firmennamen als Straßennamen führt. Die Bezirksvertretung Bochum-Nord beschloss am 5. März 2013, das Teilstück der Scharnhorststraße, an dem sich die Brauerei befindet, in Moritz-Fiege-Straße umzubenennen. Die Brauerei hat ihr Domizil direkt um die Ecke vom Hauptbahnhof, und so präsentiert man sich seit 1878: im Herzen der Stadt, fest mit Bochum und dem Ruhrgebiet verbunden.

Das Moritz Fiege Pils ist so wie die Region sich selbst gern sieht: ehrlich, offen und bodenständig. Das soll nun nicht bedeuten, dass es in anderen Regionen (ich sach ma', zum Beispiel Herne) Biersorten gibt, die hinterhältig, verschlagen und abgehoben sind, allein hier gelten die Attribute als Eigenschaften, die man nicht noch mit irgendwelchem Chichi aufrüschen muss.

Stammmarke des Unternehmens ist das klassische Moritz Fiege Pils, mit Hopfen der Sorten »Perle« und »Tettnanger« pilstypisch herb. Da aber der Bierkonsum in ganz Deutschland seit Jahren zurückgeht – mittlerweile bewegt er sich zielstrebig auf die Hundertlitermarke zu; es bleibt abzuwarten, ob die Fußballweltmeisterschaft da eine andauernde Trendumkehr bewirkt hat –, versucht die Moritz-Fiege-Brauerei wie viele andere auch, mit neuen Sorten und Variationen neue Bierfreunde zu gewinnen. So gibt es auch hier die üblichen Weizen-, Schwarzbier- und Radler-Variationen. Aber der Kern der Marke wird immer gewahrt bleiben, und das Pils bleibt unübertroffen. Hinzu kommt, dass die Moritz-Fiege-Brauerei durch das nahe gelegene Bermudadreieck einen Standortvorteil hat, um den sie nicht wenige Konkurrenten beneiden. Die Vergnügungsmeile ist als Testfeld für neue Moden und Trends so hilfreich wie für einen Sportwagenhersteller ein Testtag auf dem Nürburgring.

Adresse Moritz Fiege GmbH & Co. KG, Moritz-Fiege-Straße 1, 44787 Bochum, Tel. 0234/68980, www.moritz-fiege.de | **Bier-Steckbrief** Brauart untergärig, Alkoholgehalt 4,9 Prozent vol., Stammwürze 11,45 Prozent | **Öffnungszeiten** Brauereiführungen finden Mo–Do 18.30–21.30 Uhr statt. Es gibt nicht nur Bier, sondern auch – wir sind im Ruhrgebiet – Currywurst, und am Ende klingt der Abend gesellig aus. | **Tipp** Das ebenso mit dem Ruhrgebiet verbundene Stauder Premium Pils aus Essen.

81 Mühlen-Kölsch

Happiness am Heumarkt

Manchmal macht es auch ein Superlativ, der nicht ganz so dick daherkommt. Das Mühlen-Kölsch aus der Malzmühle wird in der zweitältesten Brauerei der Stadt gebraut. Die Malzmühle wurde 1572 erbaut, 1858 wurde dann daraus die Bier- und Malz-Extrakt-Dampfbrauerei Hubert Koch. Aus seiner Zeit stammt das Rezept für das Koch'sche Malzbier, welches er sich aufgrund des Erfolges patentieren ließ. Diese Sorte ist noch heute im Angebot. 1901 ging das Haus an seinen Sohn Jakob Koch und von dem 1912 an seinen Neffen Gottfried Joseph Schwartz. Und damit wären wir beim ersten Glied der derzeit amtierenden Inhaberfamilie angelangt. Nachdem Theodor Schwartz 1960 bei einem tragischen Unfall ums Leben kam, übernahm seine Frau Anneliese Schwartz mit ihren drei Söhnen die Leitung. Im Laufe ihrer Amtszeit legte Frau Schwartz die Grundlagen für die Zukunft des gesunden mittelständischen Unternehmens. Als sie 1995 nach schwerer Krankheit verstarb, kam Sohn Josef auf den Chefsessel, heute sind dort auch die Töchter Melanie und Jennifer vertreten.

»Familie« ist ein Stichwort, welches die Welt des Mühlen-Kölsch gut beschreibt. Gesellig und aufgeschlossen ist ja in Köln so gut wie jeder, aber hier sieht man sich tatsächlich als eine große Familie, in die auch der jeweilige, mit großer Sorgfalt ausgewählte Braumeister adoptiert wird und oft auch die Gäste des Hauses.

Wie gefragt das Mühlen-Kölsch ist, kann man auch daran erkennen, dass es in Köln zu den beliebtesten Pittermännchen-Bieren gehört. Diese Zehn-Liter-Fässchen haben den Vorteil, dass man sie überall mit hinnehmen oder in einer Kneipe bestellen kann – so kann man sein Kölsch trinken, wann und wo man will.

Das goldgelbe Bier mit seiner festen Schaumkrone hat – wen wundert's – ein leichtes Weizenmalz-Aroma. Es sollen sogar schon in Düsseldorf Leute gesehen worden sein, die es getrunken haben. Dem Vernehmen nach hat es ihnen gemundet.

Adresse Brauerei zur Malzmühle GmbH & Co. KG, Heumarkt 6, 50667 Köln, Tel. 0221/210117, www.muehlenkoelsch.de | **Bier-Steckbrief** Brauart obergärig, Alkoholgehalt 4,8 Prozent vol., Stammwürze 11,2 Prozent | **Öffnungszeiten** Mo–Do 11.30–23, Fr, Sa bis 24 Uhr, So bis 22 Uhr | **Tipp** Das Gilden Kölsch zum Beispiel. Womit wir aber noch längst nicht alle Kölsch-Sorten aufgezählt haben. Wer will, kann immer noch weitere Entdeckungen machen.

82 Neumarkter Lammsbräu

Klares und reines Bio-Bier

Das deutsche Reinheitsgebot von 1516 ist so etwas wie das Mantra vieler Bierfreunde. Es klingt einfach und klar, nur vier Zutaten – Hopfen, Malz, Hefe und Wasser –, kein Zucker, kein Reis, kein Mais oder was Bierfreunde sonst noch reintun wollen. Aber auch wenn das Reinheitsgebot wie in Stein gemeißelt klingt, es war im Laufe der Zeit immer wieder Modifizierungen unterworfen. Beispielsweise war in den vergangenen Jahrhunderten für das Bierbrauen nur die Gerste erlaubt, Weizen und Roggen waren zu kostbar und deshalb nur für das Brotbacken freigegeben. 1551 gab es schon erste Präzisierungen beim Reinheitsgebot, da wurden Gewürze wie Koriander und Lorbeer zugelassen, und die derzeit geltende Bierordnung hat nicht nur einen klobigeren Namen, sie besteht auch aus weit mehr als vier Zutaten.

Es lässt sich nicht leugnen, der Kampf um die Reinheit des Bieres muss immer wieder neu ausgefochten werden. Drl. Franz Ehrnsperger, der seit 1971 Geschäftsführer der Neumarkter Lammsbräu ist, liegt besonders die ökologische Komponente am Herzen. Das zeigt sich in vielen Produktionsschritten.

Das beim Brauen verwendete Malz wird beim Lammsbräu selbst hergestellt, der Hopfen kommt von Hersbrucker Bio-Bauern, und die beim Brauen verwendeten Dolden dürfen nicht geschwefelt sein. Die Hefe ist natürlich bio und selbst gezüchtet.

Die Sorgfalt geht bis ins letzte Detail. So ist man bei Lammsbräu entgegen der weitverbreiteten Meinung nicht der Auffassung, dass ein gut gezapftes Bier sieben Minuten braucht. Zwei sind genug. Erst in das leicht schräg gehaltene Glas zwei Drittel schwungvoll einschenken, dann – wenn der Schaum sich gesetzt hat – den Rest. Und nie – nie! – die Flasche ins Glas halten. Aber das wussten Sie bereits, gelle?

Bleibt zum Abschluss nur noch eine Frage: Und wie schmeckt das? Gut. Mit einem überraschenden Aroma aus Banane, Nuss und Vanille.

Adresse Neumarkter Lammsbräu Gebr. Ehrnsperger KG, Amberger Straße 1, 92318 Neumarkt, Tel. 09181 / 4040, www.lammsbraeu.de | **Bier-Steckbrief** Brauart obergärig, Alkoholgehalt 5,2 Prozent vol., Stammwürze 12,5 Prozent | **Öffnungszeiten** Es gibt Brauereiführungen, auch spezielle für Kinder, aber man sollte sich auf der Webseite anmelden unter www.lammsbraeu.de / service / brauereibesichtigung. | **Tipp** Das vollmundige Freudenberger Hell aus der Brauerei Alwin Märkl (www.freudenberger-bier.de).

83__Odin-Trunk

Ein süßes Donnerwetter

Fürstlich Drehna gehört vermutlich zu den Orten, die die meisten nicht mal auf der Landkarte finden würden, wenn sie direkt davorstünden. An der Autobahn A 13 zwischen Berlin und Dresden gelegen, gehört der Ort zur kleinen Stadt Luckau, ist aber inmitten von Wäldern und Seen absolut ländlich gelegen. Bier wird hier schon seit 1745 gebraut, und auch heute ist in der Brauerei vieles Handarbeit. Wer verstehen will, weshalb Bierbrauer früher zu ihren besten Kunden gehörten, der muss nur einen kurzen Einblick in den Brauer-Alltag nehmen. Jenseits von Hightech ist die Arbeit hart. Kiloschwere Fässer und die großen Kupferkessel sehen, wenn man in ihnen hockt, schon gar nicht mehr so beeindruckend, sondern eher bedrohlich aus. Und wenn man sich zum Reinigen in die Tiefen des Kessels vorwagt, sollte man auch besser keine Platzangst haben.

Die Schlossbrauerei wurde um die Jahrtausendwende wiederbelebt, allerdings wurde hier von Anfang an Tradition großgeschrieben. Das gilt einerseits für die Produktion – die Biere reifen hier wie von alters her üblich 30 bis 60 Tage –, aber auch für die Produktpalette. Und da zeigte sich schnell, dass es einem neuen Player auf dem Markt gut ansteht, wenn er auch ein ungewöhnliches Bier im Angebot hat. Bei Fürstlich Drehna gibt es davon mehrere. Der erste Erfolg war das Sanddorn-Bier, worauf bald ein Ingwer-Bier folgte. Doch der größte Hit bislang ist der Odin-Trunk, ein echtes Honigbier, das seine landesweite Popularität nicht nur der Tatsache verdankt, dass es gern auf Mittelaltermärkten ausgeschenkt wird.

Mancher erwartet bei dem Namen mehr Honig, der tatsächlich im Getränk enthalten ist, aber sich im Geschmack nur dezent bemerkbar macht. Was aber andererseits verständlich ist, denn beim Odin-Trunk handelt es sich um ein ziemliches »Brett« (Biertrinker-Fachjargon) von Bier, worüber auch keine Süßlichkeit hinwegtäuschen kann.

Adresse Schlossbrauerei Fürstlich Drehna, Lindenplatz 10, 15926 Luckau, Tel. 035324/30330, www.schlossbrauerei-fuerstlich-drehna.de | Bier-Steckbrief Brauart untergärig, Alkoholgehalt 5,4 Prozent vol., Stammwürze 15 Prozent | Öffnungszeiten Soweit bekannt, gibt es keine Brauereiführungen, aber jährlich im Herbst findet der Festbier-Anstich statt. | Tipp Das apfelfarbene Thorbräu Rattlesnake Bier aus Augsburg. Dieser Name hat allerdings nichts mit den alten Germanen zu tun, sondern kommt vom Stadttor her.

84_Oettinger Pils

Faustpfand der Freiheit

Der klassische, quasi organische Weg des Aufstiegs einer Biermarke geht so. Ein kleiner Brauer beginnt mit seinem Werk. Wenn das Bier – im wahrsten Sinne des Wortes – gut läuft, dann schließt sich an die Brauerei eine Schankstube an. Läuft das Bier noch besser, wird es bald auch in anderen Restaurants ausgeschenkt, und irgendwann ist man eine regionale oder landesweite Marke, die am Ende oft von einem großen Konzern geschluckt wird. Meist ist dieser Prozess ein Vorgang, der sich über Jahrzehnte oder gar Jahrhunderte hinzieht.

Dass es auch anders geht, zeigt die Geschichte der Brauerei Oettinger. Auch diese Bierfabrik hat Wurzeln, die weit zurückreichen, bis ins 18. Jahrhundert, was aber Oettinger von anderen fränkischen Brauereien unterschied, war die Tatsache, dass man über so gut wie keine eigenen Kneipen oder sonstigen Grundbesitz verfügte. Hinzu kam, dass sich im 20. Jahrhundert der Patriarch Otto Johann Kolmar bald aus dem Unternehmen zurückzog und die Führung in die Hände seines Sohnes Günther legte, der eigentlich ein Schöngeist war und viel lieber Geschichte studiert hätte.

Als sich aber in den 70er Jahren des letzten Jahrhunderts die Groß- und Supermärkte zu etablieren begannen, erkannte Oettinger, dass sich hier eine Marktnische auftat, die von den traditionellen Brauereien so nicht bedient werden konnten. Die Oettinger Brauerei richtete sich mit ihrer Produktion auf die Kundschaft ein und expandierte bald landesweit. Das Credo lautete »günstig und gut«. Daneben war man sich auch nicht zu schade, für andere Firmen zu produzieren, und weil man hier einen Markt der Zukunft sah, wurde viel in die Produktion von Getränkedosen investiert. Die Einführung des Dosenpfands brachte das Unternehmen allerdings in schwere Turbulenzen. Doch Oettinger bewältigte auch diese Widrigkeiten. Seit 2004 ist die Marke die meistverkaufte in Deutschland.

Adresse Oettinger Brauerei GmbH, Brauhausstraße 8, 86732 Oettingen, Tel. 09082 / 7080, www.oettinger-bier.de | **Bier-Steckbrief** Brauart untergärig, Alkoholgehalt 4,7 Prozent vol., Stammwürze 11,2 Prozent | **Öffnungszeiten** Die Brauerei kann von Di – Do besichtigt werden. Allerdings ist eine Voranmeldung circa vier Wochen im Voraus nötig. Nähere Informationen auf der Webseite. | **Tipp** Das Oettinger Export. Kann man durchaus mal genießen.

85 Original Leipziger Gose

Genuss Zug um Zug

Gose-Bier gilt als sächsische (Leipziger) Spezialität, aber ursprünglich kommt es aus Goslar. In der Gegend um Leipzig und Halle wird das Getränk seit dem 18. Jahrhundert gebraut, angeblich soll auch der Fürst Leopold I. von Anhalt – »der alte Dessauer« – dabei seine Hände im Spiel gehabt haben. Wenn das stimmt, dürfte es sich bei diesem Bier um eine der ersten preußisch-sächsischen Joint Ventures gehandelt haben. Gose ist ein Weizenbier, es wird nicht nach dem Reinheitsgebot gebraut, weil diese bayerische Regel im Norden Deutschlands erst eingeführt wurde, als die Gose schon ihre Freunde gefunden hatte.

Das Weizenbier schmeckt etwas salzig, es moussiert leicht; dazu wird es mit Koriander aromatisiert. Wenn ein Geschmack gewöhnungsbedürftig ist, gibt es in der Regel zwei Optionen: Man gibt süße Sachen dazu, oder man sagt dem Produkt eine potenzfördernde Wirkung nach. Um auf Nummer sicher zu gehen, machte man bei der Gose beides. Das Bier soll die Manneskraft stärken, aber Waldmeister- oder Himbeersirup sorgen dafür, dass es in jedem Fall besser schmeckt. Und mit Kirschlikör versetzt, gilt Gose als besonders – ähem – frauenfreundlich; ein Schelm, der Arges dabei denkt.

Der Siegeszug des Gose-Bieres wurde in der Mitte des 19. Jahrhunderts beendet, als alle Welt plötzlich nur noch das goldgelbe Bier aus Pilsen trinken wollte. In den wilden 20ern schien das Getränk so gut wie vergessen zu sein.

Als die Bahn nach der Wiedervereinigung auch das Grundstück des Bayerischen Bahnhofs übernahm und das Gebäude aufwendig rekonstruierte, wurde in Zusammenarbeit mit dem Brauer Thomas Schneider in der Abfertigungshalle eine komplette Brauerei nebst Bar und Restaurant errichtet. Da zu erwarten war, dass Journalisten aufgrund des Ambientes früher oder später auf den Spruch »In vollen Zügen genießen« verfallen würden, kam man dem zuvor und nutzt diesen Slogan lieber selbst.

Adresse Bayerischer Bahnhof Brau & Gaststättenbetrieb GmbH, Bayerischer Platz 1, 04103 Leipzig, Tel. 0341 / 1245760, www.bayerischer-bahnhof.de | **Bier-Steckbrief** Brauart obergärig, Alkoholgehalt 4,5 Prozent vol., Stammwürze 10,8 Prozent | **Öffnungszeiten** Das Restaurant ist täglich – außer Weihnachten – von 11–1 Uhr geöffnet. Reservierung empfohlen. Bierseminare und Verkostungen an jedem ersten Sa im Monat. | **Tipp** Es gibt auch ein dunkles Weizenbier, welches Kuppler heißt, aber nicht weil es noch frauenfreundlicher ist als der Mix mit Likör, sondern weil die Bier-Variationen traditionell nach Eisenbahnerberufen benannt werden.

86_Paulaner Salvator

Ein starker Auftritt

Paulaner ist so etwas wie die Mutter der bayerischen Brauereien. Zur Firma gehören das Auerbräu in Rosenheim (siehe S. 32), Hacker-Pschorr (siehe S. 114) und noch einige Brauereien in der Region. Paulaner selbst hingegen gehört fast zur Hälfte der holländischen Heineken-Brauerei, sodass Holländer, wenn sie sich zum Oktoberfest in ein Paulaner-Zelt aufmachen, hier zur Hälfte ein Heimspiel haben. Eine hundertprozentig Münchnerische Angelegenheit ist hingegen der Salvator-Starkbier-Anstich.

Der Anstich auf dem Nockherberg findet regelmäßig zur Zeit des Münchner Faschings statt. Die Starkbierprobe, der eigentliche Anlass, spielt heute keine Rolle mehr. Kern der Veranstaltung ist das »Derblecken«, bei dem Schauspieler und Kabarettisten in lebensnahen Verkleidungen über Politiker lokaler und landesweiter Prominenz herziehen.

Das »Derblecken« ist aus einer weiteren Tradition entstanden, der man in München gerne nachgeht: Dem Klatschen und Ratschen. Es gehörte früher zum guten Ton, dass die Wirte ihre Gäste persönlich in Empfang nahmen und ihre Ankunft mit ein paar bissigen Seitenhieben auf jüngste Fehltritte garnierten. Da nicht jeder Wirt ein Meister der schlagfertigen Rhetorik war, kam einer der maulfaulen auf die Idee, einen schlagfertigen Mitbürger für diesen Job zu engagieren, und so war das Derblecken als Institution geboren.

Zum Starkbieranstich kommt man nur auf Einladung. Politiker sitzen in der ersten Reihe und haben vermutlich lange geübt, um souverän zu lachen, wenn sie an der Reihe sind. Gemeinhin gilt es auch nur als besorgniserregend, wenn man bei der Veranstaltung nicht durch den Kakao gezogen wird. Da es Gletscher gibt, die sich schneller bewegen als die politischen Verhältnisse in Bayern, können die Politiker auch leicht ein gesundes Maß an Gelassenheit zeigen. Und: Die Gags sind oft richtig gut, auch wenn es natürlich hilft, wenn man mit den lokalen Gegebenheiten ein wenig vertraut ist.

Adresse Paulaner Brauerei GmbH & Co KG, Hochstraße 75, 81541 München, Tel. 089/480050, www.paulaner.de | **Bier-Steckbrief** Brauart untergärig, Alkoholgehalt 7,5 Prozent vol., Stammwürze 18,3 Prozent | **Öffnungszeiten** Es gibt eine Brauereibesichtigung, die für Fanclub-Mitglieder kostenlos ist. Nähere Informationen gibt es bei Frau Strobl unter brauereibesichtigungen@paulaner.de. | **Tipp** Das Paulaner Hefe-Weißbier. Was sonst?

87 Radeberger Pilsner

Zeitloser Klassiker

Die Radeberger Brauerei warb – oder vielleicht tut sie es auch noch – mal mit folgendem Slogan: »Aus der Brauerei, die als erste nach Pilsner Brauart braute und noch bis heute braut.« Das Brummen des dreifachen Brauens hätte keinen Rotstift eines einigermaßen motivierten Deutschlehrers überlebt, aber auch wenn dieser Werbespruch in seiner Holprigkeit an »Bei Risiken und Nebenwirkungen fragen Sie Ihren Arzt oder Apotheker« erinnert, er komprimiert die Geschichte der Firma recht gut. Denn egal, wie turbulent es hinter den Kulissen zuging, am Ende kam glücklicherweise immer ein sehr gutes Bier heraus.

Seit 1872 braut man in Radeberg das Pilsner. Wie bei den industriellen Gründervätern am Ausgang des 19. Jahrhunderts nicht selten, verband sich technologische Kompetenz mit Cleverness im Marketing. Auch andere Biere waren gut, aber wer konnte noch von sich behaupten, dass es bei Bismarcks auf dem Tisch stand? 1905 wurde man Lieferant des sächsischen Hofes, und als 1907 eine neue Brauerei eingeweiht wurde, zählte zu den Gästen auch der sächsische König.

Da der Export des Radeberger Pilsner der DDR die so dringend benötigten Devisen verschaffte, blieb die Qualität des Bieres auch in der Zeit der Teilung auf hohem Niveau. Trotzdem stellte sich nach dem Fall der Mauer die Frage, ob Radeberger – im Westen bis dato nur aus den Aldi-Läden bekannt – sich würde gegen die nun zahlreiche Konkurrenz behaupten können.

Dann übernahm die Frankfurter Binding Gruppe das Unternehmen. Sie benannte sich bald nach der neuen Perle im Portfolio und modernisierte umgehend die Brauerei. Die gehört heute zu den modernsten Europas, und gefühlt gehört zur Radeberger Gruppe jede dritte oder vierte Biersorte in Deutschland.

Was unangefochten bleibt, ist die Qualität des Bieres. Elegant und würzig, äußerst angenehme Rezenz und nicht zuletzt die cremefarbene, standfeste, feinporige Schaumkrone.

Adresse Radeberger Exportbierbrauerei GmbH, Dresdener Straße 2, 01454 Radeberg, Tel. 03528/4540, www.radeberger.de | **Bier-Steckbrief** Brauart untergärig, Alkoholgehalt 4,8 Prozent vol., Stammwürze 11,8 Prozent | **Öffnungszeiten** Es gibt nicht direkt Führungen, aber mit einem Bierkutscher kann man auf einem Kremser eine Rundfahrt durch Radeberg machen und dabei viel über Bier erfahren. Infos auf der Webseite. | **Tipp** Ein Bier aus dem Brauhaus am Waldschlösschen in Dresden. Bitte nicht verwechseln mit Feldschlösschen!

88 Räuber Kneißl Dunkel

Immer einen guten (Trink-)Spruch auf den Lippen

In Bayern werden zwei Räuber als Volkshelden verehrt. (Gut, manche meinen, es gibt da noch einige mehr, aber das gehört nicht hierher.) Neben dem »Bayerischen Hiasl« Matthias Klostermeyer wäre da noch der in der Nähe von Maisach geborene Räuber Kneißl. Er überfiel, raubte und stahl, und weil es bei seinen Aktionen oft gegen die Obrigkeit ging, wurde er von den einfachen Leuten des Landstrichs auch verehrt und geschätzt.

Nachdem er auf der Flucht zwei Gendarmen erschossen hatte, wurde auf seinen Kopf eine Belohnung von 1.000 Mark ausgesetzt. Ein Glas Bier kostete damals 13 Pfennige. In Geisenhofen wurde Kneißl von der Polizei gestellt und geriet in einen Schusswechsel, den er schwer verletzt überlebte. Damit aber dem Gesetz auch formal Genüge getan wurde, flickte man den Delinquenten in Augsburg wieder so weit zusammen, dass er an seiner Hinrichtung in München teilnehmen konnte. Aus dieser Zeit stammt der Ausspruch: »In Augsburg haben sie ihn zugerichtet, in München hingerichtet.« (Wer kann, kann das auch in bayerischem Dialekt sagen, dann hat es den richtigen Rhythmus.)

Die Hinrichtung des 27-Jährigen fand am 21. Februar 1902 statt und wurde mit der Guillotine vollzogen. Von Kneißl sind als letzte Worte überliefert: »Die Woche fängt ja gut an.« Der Ausspruch wurde schnell zur Redensart. Dass der 21. Februar in diesem Jahr auf einen Freitag fiel, spielte da keine Rolle mehr, der Räuber Kneißl war schon längst zur Legende geworden und wird von der Brauerei Sedlmayr nicht nur mit einem Bier, sondern auch mit einem Museum gewürdigt.

So viel zu dem Mann. Und was wissen wir vom Bier? Wie es sich für einen zwielichtigen Namenspaten gehört, ist der erste Eindruck trügerisch. Rötlichbraun schimmernd könnte man es optisch auch für ein Malzbier halten. Doch dann kommt der Duft. Und der Geschmack, süffig und malzig … beinahe verboten gut.

Adresse Brauerei Maisach Privatbrauerei J. Sedlmayr GmbH, Hauptstraße 24, 82216 Maisach, Tel. 08141/395570, www.brauerei-maisach.de | Bier-Steckbrief Brauart obergärig, Alkoholgehalt 5,0 Prozent vol., Stammwürze 11,5 Prozent | Öffnungszeiten Das Bräustüberl – direkt neben der Brauerei – ist von 9–24 Uhr geöffnet. | Tipp Die Maisacher Perle aus demselben Hause. Naturbelassen und frisch.

89 Reissdorf Kölsch

Alles andere als reißerisch

An dem Haus in der Aachener Straße 1 in Köln gibt es eine Leuchtreklame, die so aussieht, als sei sie aus den 60er/70er Jahren, vielleicht sogar noch älter. Man sieht im Profil ein Strichmännchen mit Bubikopf. Es hält eine Kölsch-Stange in der Hand, die vom Ausmaß her auch in einer Erdgaspipeline verwendet werden könnte, aber jeder weiß, dass es eine Kölsch-Stange sein muss, denn über dem Männeken steht ein Schriftzug: »Er trinkt Reissdorf Kölsch«.

Wenn es Nacht wird, ist das Kölsch-Männchen beleuchtet und animiert. Man sieht, wie sich der Arm mit der Kölsch-Stange in zwei ruckartigen Phasen zu seinem Mund bewegt und das Getränk gluckernd und blasenschlagend in seinem Bauch verschwindet. Nachts kommt durch die Beleuchtung ein weiterer Effekt dazu. Aus dem Mann wird eine Frau und aus dem Schriftzug naheliegenderweise: »Sie trinkt Reissdorf Kölsch«.

Die Reklame steht mittlerweile unter Denkmalschutz, aber sie ist auch deshalb bemerkenswert, weil sie seit Jahren den Höhepunkt der Werbemaßnahmen der Reissdorf-Brauerei markiert. Abgesehen von Reklame an Bussen und Bahnen und ein paar Bierdeckelserien, macht das Unternehmen keinerlei Werbung. Dennoch ist das Reissdorf Kölsch unübersehbar da.

Die Anfänge der Brauerei gehen zurück in das Jahr 1894, als ein ehemaliger Uniformschneider eine Brauerei gründete. Sein Unternehmerglück dauerte nur sieben Jahre, dann übernahm die Witwe das Ruder, bis sie die Leitung 1908 an ihre Söhne übertrug. Da die Engländer in den Nachkriegsjahren kein Vollbier erlaubten, hielt sich Reissdorf mit Schankbier über Wasser. Als es dann wieder richtig losging, setzte Reissdorf voll auf Kölsch, obwohl die Brauerei zwischenzeitlich auch andere Sorten im Programm hatte. Andere Brauer ließen erst bei Reissdorf im Auftrag produzieren. Und als sie erkannt hatten, wie richtig die Brauerei lag, war sie schon zur Nummer eins geworden.

Adresse Privatbrauerei Heinrich Reissdorf GmbH, Emil-Hoffmann-Straße 4–10, 50996 Köln, Tel. 02236/96550, www.reissdorf.de | Bier-Steckbrief Brauart obergärig, Alkoholgehalt 4,8 Prozent vol., Stammwürze 11,8 Prozent | Öffnungszeiten Es gibt eine Reihe von Lokalitäten, die von Reissdorf gewissermaßen den Ritterschlag erhalten haben. Eine Liste findet sich hier: http://www.reissdorf.de/koelsch/gastroportrait/gastroportrait.php | Tipp Um die Bilanz auszugleichen, hier noch ein Hinweis für Düsseldorf: Das Alt von Füchschen.

90_Riedenburger Emmerbier

Nach ganz, ganz alter Rezeptur

Es gibt viele Bierlegenden in Deutschland, was unter anderem damit zu tun haben könnte, dass sie sich so leicht herstellen lassen. Wie man an dem folgenden Beispiel gut erkennen kann.

Die Stadt Riedenburg liegt im bayerischen Altmühltal und hatte in den vergangenen Jahrhunderten oft das Pech, immer in irgendeinem Schnittpunkt großer weltpolitischer Prozesse zu liegen. Im deutschen Bauernkrieg konnte sich der ortsansässige Erhard von Muggenthaler nicht heraushalten, im Dreißigjährigen Krieg waren die Schweden der Meinung, sie müssten der Stadt einen Besuch abstatten, und im Spanischen Erbfolgekrieg von 1703 plünderten die Österreicher den Ort.

All diese Turbulenzen hatten zur Folge, dass der Posten des städtischen Nachtwächters nur schwer zu besetzen war. Die Stadtväter grübelten und grübelten, bis sie schließlich auf die Idee kamen, potenzielle Bewerber mit überreichlich Alkohol für diesen Posten zu begeistern. Deshalb ist seit dem 18. Jahrhundert der sogenannte Riedenburger Emmer (lies: Eimer) geradezu sprichwörtlich geworden und der Ruf »Bring mia mal'n Emmer Bier« Teil der süddeutschen Folklore.

Wie meist bei Legenden treten irgendwann Wissenschaftler auf den Plan und erklären, dass das alles nur Hirngespinste sind. In Wahrheit sei Emmer nichts anderes als eine sehr alte Getreidesorte, auch Zweikorn genannt. Emmer stammt aus einer der Wiegen der Menschheit, dem fruchtbaren Halbmond Vorderasiens, wo sich heute Länder wie Syrien und Irak befinden. Es spricht also einiges dafür, dass die Sumerer, als sie auf die glorreiche Idee des Bierbrauens kamen, Emmer-Getreide verwendet hatten.

Sie können jetzt entscheiden, welche Erklärung Ihnen lieber ist, aber dass das Riedenburger Emmerbier mit mindestens 50 Prozent Malz aus Urgetreide gebraut wird, stimmt. Das Auge bemerkt zuerst den dunkleren Bernsteinton und dann der Gaumen den würzigeren Geschmack.

Adresse Riedenburger Brauhaus Michael Krieger KG, Hammerweg 5, 93339 Riedenburg, Tel. 09442/99160, www.riedenburger.de | **Bier-Steckbrief** Brauart untergärig, Alkoholgehalt 5,1 Prozent vol., Stammwürze 12,8 Prozent | **Öffnungszeiten** Besichtigungen werden von Mai bis Oktober durchgeführt. Anmeldungen unter genannter Telefonnummer. | **Tipp** Das herzhafte Hummel Pils aus der Brauerei in Merkendorf.

91 Roggen Roll Ale Schoppe Bräu

Roggen Roll Will Never Die

Als Geburtsjahr der »Microbreweries« genannten Kleinbrauereien gilt 1965. In diesem Jahr übernahm Fritz Maytag die Anchor Brewing Company in San Francisco. Anchor stand kurz vor der Pleite, was damit zu tun gehabt haben könnte, dass ihr Bier an vielen Gaumen als säuerliche, ungenießbare Plörre wahrgenommen wurde. Maytag behielt den Namen, aber er begann die Flaschen mit einem Produkt zu füllen, welches nun mit Liebe und Sorgfalt hergestellt wurde. In Deutschland war der Bedarf nach Mikrobrauereien nicht so groß, viele alteingesessene Unternehmen entsprachen schon seit Jahrzehnten der Definition, welche auf die Newcomer in den Vereinigten Staaten angewandt wurde. Was aber nicht heißt, dass sich hierzulande nicht auch Newcomer auf dieses Geschäftsfeld wagten. Statt von »Microbreweries« spricht man in den letzten Jahren eher von »Craftbeers«, wobei nicht ganz klar ist, was diese Definition ganz genau beschreibt. Meist – aber nicht immer – ein kleines Handwerksunternehmen, wo der Chef mit viel Hingabe sein Produkt persönlich braut. Thomas Schoppe kam 1990 auf den Gedanken, dass er sich mit Bier seinen Lebensunterhalt verdienen könnte. In der Feldschlösschen Brauerei zu Braunschweig absolvierte er eine Lehre, während der er aber auch immer schon an eigenen Kreationen mixte. Wer Brauereitechnologie studieren will, hat in Deutschland die Wahl zwischen Berlin und München. Schoppe entschied sich für Berlin, wo er nach seinem Studium 2001 das Restaurant und Brauhaus Südstern eröffnete. Da ihm das Brauen mehr am Herzen lag als die Gastronomie, konzentrierte er sich in den folgenden Jahren auf das Brauen. Schoppe Bräu-Biere haben Namen wie Black Flag Stout oder Holy Shit Ale. Das Roggen Role Ale hat eine dunkle Schaumkrone, es duftet nach Hopfen und ein wenig nach Kakao. Und das Etikett ist ebenso kunst- und liebevoll gestaltet wie das Getränk.

Adresse Schoppe Bräu, Hasenheide 69, 10967 Berlin, Tel. 030 / 32528551, www.schoppebraeu.de | **Bier-Steckbrief** Brauart obergärig, Alkoholgehalt 7,0 Prozent vol., Stammwürze 16,9 Prozent | **Öffnungszeiten** Brauereiführungen gibt es nicht, aber unter www.braukurse.de können – ja genau – Braukurse gebucht werden. | **Tipp** Die amerikanische Stone Brewing Company will Anfang 2016 im Stadtteil Mariendorf ihre erste europäische Dependance eröffnen.

92 Rothaus Tannenzäpfle

Das rote Haus im schwarzen Tann

Ob der französische Romancier Stendhal beim Schreiben seines Romans »Rot und Schwarz« an die Brauerei Rothaus im Schwarzwald gedacht hat? Höchstwahrscheinlich nicht, aber wenn man keinen anderen Einstieg findet, kann man es auch mal mit einer rhetorischen Frage versuchen. Fest steht zumindest zweierlei. Die Brauerei Rothaus ist die Schwarzwaldfabrik schlechthin, das Image der Marke wird von der Region, in der sie hergestellt wird, mindestens ebenso geprägt wie das Produkt. Durch vielfältige Sponsoring-Aktivitäten (es gibt unter anderem eine Skisprungschanze mit dem Namen Rothaus) wird diese Wechselbeziehung sichtbar.

Und um noch einmal auf den Einstieg zurückzukommen: Stendhal hätte zumindest theoretisch das Bier kennen können, denn die Anfänge der Brauerei gehen bis in das Jahr 1791 zurück. Damals noch als Klosterbrauerei, aber als Stendhals Landsmann Napoleon in Deutschland den Kirchenbesitz säkularisierte, fiel die Brauerei an das Großherzogtum Baden. Zwar wurde die Firma im 20. Jahrhundert in eine Aktiengesellschaft umgewandelt, aber bis heute befindet sich die Brauerei im Staatsbesitz und gehört damit zu den wenigen Bierherstellern, die nicht privat oder von Konzernen geführt werden.

Im Laufe der Zeit musste die Brauerei verschiedene Schicksalsschläge verkraften. 1847 drohte ein Brand die gerade neu errichteten Fabrikbauten zu vernichten. Ein Jahr später kamen im Zuge der Badischen Revolution preußische Grenadiere ins Land. 120 von ihnen quartierten sich in der Brauerei ein und verließen sie nur sehr widerwillig. Doch auch sie trugen dazu bei, dass sich der gute Ruf des Bieres weiter verbreitete.

In den 90er Jahren des letzten Jahrhunderts begann die Expansion. 2004 wurde der Bruder des Bundesfinanzministers Drl. Thomas Schäuble Vorstand des Hauses. Bis zu seinem Tod 2013 gelang es ihm, die Entwicklung der Brauerei weiter voranzutreiben.

Adresse Badische Staatsbrauerei Rothaus AG, Rothaus 1, 79865 Grafenhausen-Rothaus, Tel. 07748/5220, www.rothaus.de | **Bier-Steckbrief** Brauart untergärig, Alkoholgehalt 5,1 Prozent vol., Stammwürze 12,4 Prozent | **Öffnungszeiten** Rothaus-Brauwelt-Führungen finden Mo–Sa um 12 Uhr statt, an Werktagen gibt es zusätzlich noch Führungen um 17 Uhr. Weitere Informationen auf der Webseite. | **Tipp** Das Meister-Pils aus der Löwenbrauerei Bräunlingen. Credo: »Wir haben das Bierbrauen nicht erfunden, aber etwas Besonderes daraus gemacht.« Große Worte, gelassen ausgesprochen.

93 Schädelbräu Lager

Clevere Kreation aus Köln

Die Leser sind in diesem Buch auf diverse Kölschmarken gestoßen, auch die etwas exotische Kreation eines Kölner Alt-Biers war zu finden. Man könnte nun also die Frage stellen, ob damit das Feld der Kölner Kreativität abgearbeitet ist.

Mitnichten.

Das Schädelbräu gehört zu den jüngsten Brauereien im Rheinland. Das Unternehmen ist das geistige Kind von Adrian Draschoff und Matthias Piegsa. Im Hauptberuf sind die beiden Filmemacher beziehunsgweise Mediziner, aber eine langjährige Erfahrung als Bierkonsumenten hat die beiden dann dazu bewogen, sich unter die Produzenten zu wagen. Die eigentliche Brautätigkeit liegt auch hier in den Händen eines zertifizierten Braumeisters, doch ist das Gründertandem federführend in allen maßgeblichen Entscheidungen, was aber nicht bedeutet, dass das Brauereiteam nicht auch erweitert werden kann. Zum Beispiel, wenn es darum geht, Etiketten zu kleben.

Erste Sorte des Hauses ist ein Lager, eine Biersorte, welche der hiesige Gerstensaft-Gourmet in der Regel vorwiegend südlich des Mains verortet, doch die Mannen vom Schädelbräu haben auch eine Mission. Wie sie beobachtet haben, konnte das Lager »seine Vitalität noch nie so richtig ausleben«. Eigentlich ist es so etwas wie der »geheime Star der Biersorten«. Mit einer Kölsch-Brauerei wollen die Ehrenfelder also auf keinen Fall verwechselt werden, dass sie hingegen in Bars zunehmend als Trendgetränk geordert werden, ist durchaus in ihrem Sinne.

Zu einer neuen Marke gehört nicht nur ein interessanter, unverwechselbarer Geschmack, sondern auch ein individueller Auftritt. Da ist zum einen das knallrote Etikett auf der ungewöhnlichen 250-Milliliter-Flasche. (Zumindest in der Neigung zum eher kleinen, handlichen Format zeigt sich doch eine zumindest haptische Verwandtschaft zu den anderen ortsüblichen Marken.) Auch die Form der Flasche ist noch eher unbekannt. Aber das alles kann sich schnell ändern.

Adresse Schädelbräu GbR, Körnerstraße 13, 50823 Köln, Tel. 0221/99201679, www.schaedelbraeu.com | Bier-Steckbrief Brauart untergärig, Alkoholgehalt 4,9 Prozent vol., Stammwürze 11,4 Prozent | Öffnungszeiten keine Besichtigungen möglich | Tipp Die Drei-Kronen-Biere aus Memmelsdorf (www.drei-kronen.de), gebraut unter der Mitarbeit von Isabella Straub, in der Branche auch als »die Malzfee« bekannt.

94_ Schorschbock 57

Das stärkste Bier der Welt

Braumeister Georg Tscheuschner residiert mit seiner Firma Schorschbräu in Gunzenhausen. Das ist eine Kleinstadt in der Gegend von Nürnberg. Hier versteht man was vom Bierbrauen. Wenn man hier auffallen will, muss man etwas Besonderes bieten. Die Spezialität von Schorschbräu sind Bockbiere, die so stark sind, dass normale Gerstensäfte im Vergleich dazu wie Milchshakes wirken. Spitzenprodukt – auf jeden Fall, was den Alkoholgehalt angeht – ist der Schorschbock 57, der – zumindest in dem Augenblick, da diese Zeilen geschrieben werden, der absolute Weltrekordhalter ist. Das Schorschbock 57 ist mit einem Alkoholgehalt von 57,5 Prozent der Weltmeister.

Schorschbräu wurde 1996 gegründet, und als der Braumeister hörte, dass es ausgerechnet in Berlin am Südstern (siehe Roggen Roll Ale) eine Brauerei gab, die ein Bier mit 27,6 Prozent Alkoholgehalt kreiert hatte, war sein Ehrgeiz geweckt. Er brachte einen Eisbock auf den Markt, der 31 Prozent Alkohol enthielt. Nun wurde das Wettrennen international. Die schottische Brauerei Brew Dog (www.brewdog.com) konnte mit einem Gerstensaft mit 32 Prozent protzen, worauf Schorschbräu mit 40 Prozent konterte. Das ging eine Weile so hin und her, bis die Schotten ein Getränk mit 50 Prozent auf den Markt brachten und bei der Gelegenheit erklärten, dass der Wettbewerb hiermit beendet sei.

Das war ein Fehler.

»Es ist erst vorbei, wenn ich es sage«, erklärte Georg Tscheuschner. Da sich mit traditionellen Methoden der Alkoholgehalt des Bieres nicht unendlich steigern lässt, griff Tscheuschner zu einem Trick. Sein Bock wird gewissermaßen schockgefrostet – bis auf -60 Grad –, wobei dann ein Alkoholgehalt von mehr als 57 Prozent erreicht werden kann. Das Ergebnis ist »eher was für Genießer«, und die Flaschen – Preis 200 Euro – sind auch alle schon verkauft. Weshalb wir für die Abbildung auf die 13-Prozent-Version zurückgreifen mussten.

Adresse Schorschbräu GmbH, Oberasbach 16a, 91710 Gunzenhausen, Tel. 09831/883250, www.benz-weltweit.de/derbraeuvomberch | **Bier-Steckbrief** Brauart obergärig, Alkoholgehalt 57,5 Prozent vol., Stammwürze 91° Plato (! – das ist natürlich ein eher theoretischer Wert) | **Öffnungszeiten** Von Führungen ist nichts bekannt. | **Tipp** Der »Schorschbock Mini ICE 13%«. Ein hocharomatischer und immer noch sehr starker Eisbock.

95 Sternburg Export

Die alternative Marke

Man könnte es sich einfach machen und sagen: Sternburg ist für Radeberger, was Astra für Holsten ist. Aber ganz so einfach ist es dann doch nicht. Die Geschichte der Sternburg-Biere begann mit dem Leipziger Kaufmann Maximilian Speck. Als die Witwe des Rittmeisters von Klengel in finanzielle Schwierigkeiten geriet, erwarb der Kaufmann 1822 das Gelände im Nordwesten von Leipzig für eine Summe von über 100.000 Talern. Mit dem Landbesitz kamen die Titel. Aus dem Kaufmann wurde der Rittmeister und schließlich der Freiherr Speck. Mit der Brauerei hatte Speck 1836 begonnen, und nach und nach bauten er und seine Nachfolger das Gelände zu einer kleinen Musterwelt aus. Um von Lieferanten unabhängig zu sein, baute die Sternburg-Brauerei ihren eigenen Hopfen an. Es gab ein eigenes Wasserkraftwerk und für die Mitarbeiter Werkswohnungen mit sozial verträglichen Mieten.

Als am Ende des Zweiten Weltkrieges die Amerikaner kamen, versuchten die Brauer ihre Fabrik in eigener Regie zu übernehmen. Dann kamen die Sowjets, und die Brauerei ging in die sowjetische Militärverwaltung über. Schließlich wurde die Brauerei in der DDR ein Staatsbetrieb, der unter anderem die Phantasiemarke »German Pils« produzierte, die auch in einige Ostblockländer exportiert werden konnte.

Nach der Wiedervereinigung hatte die Sternburg-Brauerei – oder was davon noch übrig war – wenig Glück. Es gab Partner, aber die interessierten sich mehr für das Vertriebsnetz als die Brauerei. Sternburg zog nach Leipzig um, wo 1993 »eine Positionierung im Niedrigpreissegment ohne Werbeunterstützung« erfolgte. Seit 2006 gehört die Marke zur Radeberger Gruppe, die Sternburg seitdem als Kultmarke positioniert. Es gibt Leute, die meinen, der Umzug habe der Qualität des Bieres nicht wirklich gutgetan, aber eine Marke, mit starker Betonung auf der östlichen Herkunft, ist das Sternburg Export mittlerweile allemal.

Adresse Sternburg Brauerei GmbH, Mühlstraße 13, 04317 Leipzig, Tel. 0341/222230, www.sternburg-bier.de | Bier-Steckbrief Brauart untergärig, Alkoholgehalt 5,2 Prozent vol., Stammwürze 11,9 Prozent | Öffnungszeiten Für Führungen kann man sich bei Frau Beese anmelden, Tel. 0341/22223216 oder per E-Mail G.Beese@radeberger-gruppe.de. | Tipp Ein Besuch im Brauhaus Napoleon (www.brauhaus-leipzig.com) in Probstheida.

96_ Störtebeker Roggen Weizen

Einmal Pirat sein

Klaus Störtebeker war ein Pirat. Sein Nachname entstand aus der norddeutschen Verballhornung seiner Fähigkeit, selbst die größten Becher in einem Zug hinunterstürzen zu können. Bei so einem Namen war es klar, dass sich früher oder später eine Brauerei finden sollte, die ihn zum Namenspatron erwählen sollte. Aber Störtebeker war mehr als ein gewöhnlicher Seeräuber. Als er am Ende von den reichen Pfeffersäcken in Hamburg gefangen worden war, machte der verwegene Korsar mit seinen Henkern noch einen Deal. Jedem von seinen Gefährten, an dem er kopflos vorbeilaufen könnte, sollte die Freiheit geschenkt werden.

Störtebeker wurde vom Henker der Kopf abgeschlagen, und zum Erstaunen der Masse erhob sich sein Leib und begann an seinen gefangenen Gefährten vorbeizustolzieren. Und wenn ihm nicht einer der Patrizier heimtückisch ein Bein gestellt hätte, wäre Klaus wohl an all seinen Mitseglern vorbeigelaufen, und wir hätten heute noch Piraten auf der Ostsee. – So geht jedenfalls die Legende.

Wer aber so legendär werden will wie der edle Pirat, muss auch bestimmten Anforderungen entsprechen. Das Produkt sollte zu fairen Konditionen und aus erlesenen Zutaten entstehen, und wenn möglich, sollte man sich nach dem Genuss nicht wie der enthauptete Seeräuber fühlen. Die 2011 gegründet Braumanufaktur leistet all das und hilft so, lange verschüttete hanseatische Brautraditionen wiederzubeleben.

Dabei geht es den Machern vor allem darum, dem trinkfreudigen Publikum zu vermitteln, dass ein Bier von Störtebeker viel zu schade ist zum einfach Hinter-die-Binde-gießen. Es gibt Verkostungen, Menü-Abende und Auftritte von Biersommeliers. Nicht nur die Zutaten beim Brauen werden sorgfältig komponiert, auch der Auftritt des Produkts – für das Störtebeker gibt es sogenannte Segelgläser, die sich wie unter einem Windstoß wölben –, alles ist bis ins letzte Detail durchdacht.

t der
ker
ten!

en von
on der
zelt sind.
t, das für
and steht:
lecken!

:ur

und der
wir exklu-
enteuer
e auf
ren Sie
antik-Ale
undiger

Adresse Störtebeker Braumanufaktur GmbH, Greifswalder Chaussee 84–85, 18439 Stralsund, Tel. 03831/2550, www.stoertebeker.com | **Bier-Steckbrief** Brauart obergärig, Alkoholgehalt 5,4 Prozent vol., Stammwürze 12,9 Prozent | **Öffnungszeiten** Es gibt Touren, für die man sich anmelden kann. Informationen finden sich unter www.stoertebeker.com/brauhandwerk/braumanufaktur/brauereifuehrung. | **Tipp** Das klassische Störtebeker Pilsener war von Anfang an eine gute Wahl.

97_Tettnanger Keller-Pils

Wo Hopfen und Malz nicht verloren ist

Der Job des Hopfens beim Bierbrauen besteht aus drei Teilen und ist leicht zu beschreiben. Er soll dem Bier sein Aroma geben. Er soll das Bier haltbarer und die Flüssigkeit klar machen. Im Laufe der Jahrhunderte hat die Menschheit mit verschiedenen Zusatzstoffen experimentiert (Gewürze, Baumrinden oder Bügelbretter), aber am Ende hatte sich immer herausgestellt, dass Hopfen die Aufgabe noch am besten erledigt.

Es war übrigens etwas unfair, dass ich eingangs von dem Hopfen gesprochen habe, denn für das Bierbrauen sind nur die weiblichen Pflanzen zu verwenden.

Da der Hopfen mit den Hanfpflanzen verwandt ist, gibt es eine beachtliche Gemeinde, die dem Bier – zumindest in der Vergangenheit – einige heute nicht mehr so vorhandene Wirkungen zuschreibt.

In Mitteleuropa wächst der Hopfen fast überall, solange er nur feuchte Böden und eine Gelegenheit findet, um die er sich rumwickeln kann. Nach England kam er erst zu Beginn der Neuzeit, was möglicherweise die Distanziertheit der Engländer zu allen Bieren erklärt, die nicht so aussehen wie gebrauchtes Geschirrspülwasser. Denn damals war bei ihnen die Angst groß, durch das neumodische Gebräu vergiftet zu werden, weswegen sie lieber bei ihrem alten Ale bleiben.

Tettnang liegt unweit des Bodensees, auf halbem Weg zwischen Lindau und Friedrichshafen. Neben der Hallertau gehört der Tettnanger Hopfen zu den begehrtesten Sorten hierzulande. Und damit das auch jeder weiß, gibt es einen vier Kilometer langen Hopfenlehrpfad. Der führt an Wiesen, Obstplantagen und natürlich an Hopfengärten vorbei. Aber eben auch am Gasthof Krone. Hier wird – natürlich mit erstklassigem Tettnanger Hopfen – das Keller-Pils gebraut, das bei seiner Markteinführung im März 1993 das erste Biobier aus der Bodenseeregion war. Und dass hier mit ganzen Hopfendolden kontrolliert biologisch gearbeitet wird, das merkt und schmeckt man.

Adresse Brauerei und Gasthof Krone, Bärenplatz 7, 88069 Tettnang, Tel. 07542/7452, www.krone-tettnang.de | **Bier-Steckbrief** Brauart untergärig, Alkoholgehalt 4,7 Prozent vol., Stammwürze 11,8 Prozent | **Öffnungszeiten** Gasthof 10–14 Uhr und 17–24 Uhr, Mo Ruhetag | **Tipp** Das Hopfenmuseum (Hopfengut 20, 88069 Tettnang-Siggenweiler) ist einen Besuch wert (www.hopfenmuseum-tettnang.de), wenn man mehr über Hopfen wissen will.

98_Tucher Pilsener

Mit dem Herzen dabei

Nachdem wir schon vor einiger Zeit ausführlich und überzeugend geklärt hatten, dass Bierbrauen im Vergleich zum – nur als Beispiel – Weinkeltern eine intellektuelle Glanzleistung des Menschen darstellt, die sich eigentlich nur mit der Erfindung des Rades vergleichen lässt (zumindest ist das eine These, die sich nach dem Genuss von einigen Bieren sehr gut aufstellen und verteidigen lässt), müssen wir nun zu unserer Schande gestehen, dass die Menschheit beim Bierbrauen jahrtausendelang etwas getan hat, ohne genau zu wissen, was.

Denn die durch die Hefe ausgelöste Gärung war lange Zeit unbekannt. Man wusste, dass da während des Brauens etwas geschieht. Man sah es auch, aber man wusste nicht, wer es macht. Als man wusste, dass die Hefe für die Brauerei verantwortlich war, konnte man natürlich auch anfangen, gezielt Hefekulturen zu züchten. Dennoch wird aber, gerade in Belgien, immer noch mit wilder Hefe gebraut. Was kein Problem sein sollte, wichtig ist allein, dass die Zutaten sorgfältig ausgewählt sind.

Darauf achtet man bei Tucher Bräu schon seit mehr als 350 Jahren. Mittlerweile gehört das Unternehmen zur Radeberger Gruppe und legt in seiner Selbstdarstellung auf Innovation ebenso viel Wert wie auf Tradition. So war das Tucher das erste deutsche Bier mit einem QR-Code auf dem Etikett. Das Nürnberger Pilsener von Tucher wird zu Ehren der Nürnberger Hopfentradition mit einem Aromahopfen namens Saphir noch einmal zusätzlich kalt gehopft. Und zwar genau bei minus ein Grad Celsius! Okay, es gibt durchaus Leute, die sagen, das Kalthopfen/Hopfenstopfen gar nicht so einzigartig ist, wie man hier tut. Auch ist die Verwendung von Hopfenextrakt eine Sache, die Puristen eigentlich übel aufstößt. Vor allem, wenn so viel Wind um braumeisterliche Handwerklichkeit gemacht wird. Aber andererseits gibt es genügend Leute, die dieses Bier genau dafür lieben.

Adresse Tucher Bräu GmbH & Co. KG, Tucherstraße 10, 90763 Fürth, Tel. 0911/97760, www.tucher.de | **Bier-Steckbrief** Brauart untergärig, Alkoholgehalt 5,0 Prozent vol., Stammwürze 11,8 Prozent | **Öffnungszeiten** Brauereiführung Mo–Fr 9–16 Uhr. Ohne Anmeldung geht nix, und an gesetzlichen Feiertagen in Bayern (davon gibt es einige mehr als im Rest des Landes) geht auch nix. | **Tipp** Das Sebaldus Weizen aus demselben Hause.

99_Uerige Alt

Rührig wie das Uerige

Das Brauhaus Uerige ist seit Jahrhunderten eine Institution in der Düsseldorfer Altstadt, aber das heißt ja nicht, dass es in all den Jahren ruhig und gemütlich zugegangen ist.

Die Anfänge als Ausschank gehen bis in das 17. Jahrhundert zurück, allerdings ging es damals vor allem noch um Wein. Neben dem Alkohol gab es auch Übernachtungsmöglichkeiten, daneben scheint der damalige Besitzer auch eine Art Zirkus betrieben zu haben. Jedenfalls wurden am Anfang des 19. Jahrhunderts in einem Stall des Hinterhauses gegen ein kleines Entgelt Elefanten und Kamele gezeigt. Dass eine Gastwirtschaft und Entertainment zusammengehören, hat das Gebäude also gewissermaßen in seiner DNA.

Richtig los mit der Bierbrauerei ging es am 4. Januar 1862. Der neue Besitzer hieß Wilhelm Cürten. Da er ein menschenscheuer Mitbürger war, der sein Haus nur – aber immerhin – verließ, um am Sonntag in die Kirche zu gehen, verpassten ihm die Düsseldorfer den Spitznamen der »uerige Willem«, was auf Hochdeutsch so viel wie der »nörgelige und ewige schlecht gelaunte Wilhelm« heißt. Von der Familie Cürten ging das Haus an den Sachsen Rudolf Arnold, der aber keinerlei Berührungsängste in Sachen Altbier zu verspüren schien. Er lenkte das Unternehmen mit Geschick durch die Kriegswirren. Sorgte nach einem Bombentreffer für den Wiederaufbau und führte nach dem Zweiten Weltkrieg als Weltneuheit weibliche Zapfkräfte ein.

Da Arnold keine Schnapssteuer bezahlen wollte, verzichtete er auf den Ausschank von Hochprozentigem und installierte an der Wand ein Schild, welches noch heute im Lokal zu sehen ist: »Schnapsgenuss während des Bierkonsums ist hier untersagt (es stört Ihre Gesundheit und mein Geschäft). Der Wirt.«

Heute befindet sich das Uerige im Besitz der Familie Schnitzler. Obwohl das Uerige Alt das an Bitterstoffen reichste Bier Deutschlands ist, hat es ein vollmundiges Aroma und ist sehr bekömmlich.

Adresse Uerige Obergärige Hausbrauerei GmbH, Berger Straße 1, 40213 Düsseldorf, Tel. 0211 / 866990, www.uerige.de | Bier-Steckbrief Brauart obergärig, Alkoholgehalt 4,7 Prozent vol., Stammwürze 12 Prozent | Öffnungszeiten Die Gaststätte ist täglich, außer Weihnachten, Silvester und Rosenmontag, 10–24 Uhr geöffnet. | Tipp Das ebenfalls aus Düsseldorf kommende Schlösser-Alt zum Beispiel.

100 Ur-Krostitzer Pilsner

Der allererste Schwedentrunk

Wenn man auch ein Schwarzbier braut, das nicht nur geografisch sondern auch namentlich in der Nachbarschaft des Marktführers (Köstritzer, siehe dort) anzusiedeln ist, ist es natürlich gut, wenn man jede Menge Eigenheiten hat, die einen vom Wettbewerber unterscheiden.

Krostitz ist ein kleiner Ort im Norden von Leipzig, der schon immer von biertrinkenden Völkern bewohnt worden war. Den Anfang machten in grauer Vorzeit Germanen vom Stamme der Hermunduren. Dann kamen die Sorben und die Wenden, die hier länger siedelten. Aus dieser Zeit stammen viele Orte, deren Namen auf -itz enden und der Familienname Kretschmar, der im Sorbischen so viel wie Kneipier/Wirt bedeutet. Im 10. Jahrhundert kamen Flamen, die die Gegend »Osterland« nannten. Aus dieser Zeit stammt der Ortsname Osterfeld, der heute immerhin noch die Ehre hat, eine Autobahnabfahrt an der A9 zu bezeichnen. Der Mann mit dem Helm auf dem Etikett des Bieres soll übrigens der Schwedenkönig Gustav Adolf sein, der hier während des Dreißigjährigen Krieges Station gemacht haben und tatsächlich schon Bier getrunken haben soll. Von der Qualität soll er so begeistert gewesen sein, dass er dem Kneipier einen goldenen Ring vermachte.

Als im Januar 1990, in den Wendewirren, die ostdeutsche Industrielandschaft kräftig durcheinandergewirbelt wurde, machten sich die Geschäftsführer nach Frankfurt auf und knüpften zarte Bande zu der Struktur, die dann später die Radeberger Gruppe werden sollte.

Bei Ur-Krostitzer Pils änderte sich nach der Kooperation mit der Radeberger Gruppe nur ein Detail, welches allerdings für Diskussionen in Fankreisen sorgte. Der Alkoholgehalt sank leicht (um 0,1 Prozent!), so mancher befürchtete damals, dies sei der Anfang vom Ende einer Biersorte, die gemeinhin als »herb« und »männlich« beschrieben wurde. Zum Glück erfüllten sich diese Befürchtungen jedoch bis zum heutigen Tage nicht.

Adresse Krostitzer Brauerei GmbH, Brauereistraße 12, 04509 Krostitz, Tel. 034295/7760, www.ur-krostitzer.de | **Bier-Steckbrief** Brauart untergärig, Alkoholgehalt 4,9 Prozent vol., Stammwürze 11,3 Prozent | **Öffnungszeiten** Führungen gibt es Mo–Fr von 8–17 Uhr. Mindestanzahl 15 Personen. | **Tipp** Das Ur-Krostitzer Schwarzbier natürlich.

101 Veltins Pilsener

Der Schalk im Nacken

Qualität kann manchmal ein Fluch sein. Wenn man gut ist, aber dabei auch von vielen guten Nachbarn umgeben ist, fällt es schwer, aufzufallen. Im Sauerland gibt es gleich drei Brauereien, denen es gelungen ist, landesweite Bedeutung zu erlangen. Man ist versucht zu behaupten, dass – während der Westfale dazu neigt, neue Einbauküchen zu entwerfen – der Sauerländer mit Vorliebe den Gärbottich umrührt, um die Welt mit einer neuen Biermarke zu beglücken. Allerdings wartet diese zugegebenermaßen gewagte These noch auf die letzte akademische Bestätigung durch ausgewiesene Anthropologen.

Da die Biere von Veltins, Krombacher und Warsteiner alle ihre Anhängerschaft gefunden haben, ist es gar nicht so einfach, die Unterschiede und Alleinstellungsmerkmale der jeweiligen Sorte herauszuarbeiten.

Die Brauerei begann in der ersten Hälfte des 19. Jahrhunderts als Teil einer Gastwirtschaft. Während die beiden anderen Sauerländer Kollegen ihren Markennamen aus der geografischen Herkunft ableiteten, hieß dieses Bier nur am Anfang Grevensteiner. 1852 übernahm Clemens Veltins das Unternehmen, dessen Söhne ihm dann ausgangs des 19. Jahrhunderts ihren Namen verliehen.

Typisch Veltins war die frühe Übernahme von neuen Erfindungen. Egal, ob Dampf- oder Eismaschine oder im letzten Jahrhundert eine firmeneigene Kläranlage, all das gab es hier fast immer früher als bei der Konkurrenz. Und wenn nicht, gehörte man zumindest zur ersten Welle der Anwender.

Wie viele Biermarken positioniert sich Veltins gerne im Umfeld des Sports. Während die anderen beiden Champions aus der Region in ihrem Engagement allgemeiner blieben, hat sich Veltins als Stadionpate und Sponsor eines Fußballklubs exponiert, der bis weit über Lüdenscheid hinaus zu hochemotionalen Reaktionen vielfältiger Natur provoziert. Wer sich so eindeutig positioniert, muss sich der Qualität seines Produkts ziemlich sicher sein.

Adresse Brauerei C. & A. Veltins GmbH & Co. KG, An der Streue, 59872 Meschede, Tel. 02934/9590, www.veltins.de | **Bier-Steckbrief** Brauart untergärig, Alkoholgehalt 4,8 Prozent vol., Stammwürze 11° Plato | **Öffnungszeiten** Brauereiführungen Di um 9.30 Uhr | **Tipp** Das Grevensteiner Pils aus demselben Hause, ein süffiges Landbier mit Wiener Malz.

102 Waldhaus Diplom Pils

Biervergnügen im Südschwarzwald

Waldhaus ist ein Ortsteil von Weilheim – einem Örtchen mit etwa 3.000 Einwohnern – und liegt oberhalb von Waldshut. Die Lage des Ortes ist idyllisch, mitten im Naturpark des Südschwarzwaldes; 800 Meter hoch über dem Meeresspiegel. Verglichen mit den Giganten, die auf einigen anderen Seiten dieses Buches bei der Arbeit gezeigt wurden, wirkt die Privatbrauerei Waldhaus wie ein Hobby-Unternehmen. Fünf Millionen Liter Bier pro Jahr, ein Umsatz von knapp über sechs Millionen Euro, dafür würden manche Leute in der Branche vermutlich nicht einmal aufstehen. Doch das ist dem jungen Chef des Unternehmens egal. Wie Dieter Schmid einem Reporter der Badischen Zeitung sagte, hat das Unternehmen nur ein Ziel: »Bei uns dreht sich alles darum, ein gutes Bier, das beste Bier zu machen.«

Wie der vollständige Name der Brauerei – Joh. Schmid GmbH – vermuten lässt, handelt es sich auch bei der Waldhaus-Brauerei um ein alteingesessenes Familienunternehmen. Vorfahr Johannes gründete den Betrieb 1833, Dieter Schmid hat die Brauerei von seinem Vater Helmar übernommen, der heute noch als Seniorchef wirkt.

In der Waldhaus-Brauerei ist vieles mit voller Absicht noch Handarbeit. So werden die Hopfenproben persönlich geöffnet und geprüft, denn ohne guten Hopfen gibt es bekanntlich kein gutes Bier, und ein gutes Bier, das heißt: Es muss herb und frisch schmecken, aber es darf im Hals nicht bitter nachklingen.

Deshalb kommt im Waldhaus nur das Beste aus Tettnang und der Hallertau in die Tüte.

Und diese Sorgfalt und Erfahrung macht sich bezahlt. Das Waldhaus Diplom Pils ist ein souverän und kunstvoll gehopftes Bier, welches viele Experten zum Zungeschnalzen verleitet. Der Name Diplom Pils ist übrigens nicht nur Show. An den Wänden der Brauerei tummeln sich jede Menge Auszeichnungen. Vom »World Beer Cup« über den »European Beer Star« bis hin zu »World's Best Pilsner«.

Adresse Privatbrauerei Waldhaus, Waldhaus 1, 79809 Waldhaus. Tel. 07755/92220, www.waldhaus-bier.com | **Bier-Steckbrief** Brauart untergärig, Alkoholgehalt 4,9 Prozent vol., Stammwürze 11,3 Prozent | **Öffnungszeiten** Von Führungen ist nichts bekannt. | **Tipp** Das Waldhaus Spezial, ebenso wie das Pils ein Volltreffer.

103 Warsteiner Premium Pils

Little Big Man

Heute ist die Unternehmensgruppe ein riesiger Betrieb, wohl der einzige, der seit fast zehn Generationen in Familienbesitz ist und dennoch gut mit den großen, weltweit operierenden Konzernen mithalten kann. Die Anfänge waren eher bescheiden. Bauer Antonius Cramer war eher ein Hobby-Zapfer aus dem Sauerland, der seinen Brauereibetrieb nur deshalb professionalisierte, weil er 1753 mit der Biersteuer belegt wurde. Bei einer Kontrolle durch die Behörden konnte er den Beamten nicht mehr glaubhaft machen, dass die in seinem Haus vorhandene Menge Bier ausschließlich dem Eigenbedarf diente. Das ist eine Problematik, die man heutzutage eher von anderen Rauschmitteln kennt.

In den folgenden Jahren wuchs die Brauerei immer weiter, blieb aber eine regionale Größe. Doch zur betriebswirtschaftlichen Vervollkommnung kam nun auch das fachliche Know-how; 1896 erhielt Albert Cramer senior sein Diplom als Braumeister. Ein entscheidender Moment in der Geschichte war die Entdeckung der Kaiserquelle im Jahre 1928. Das extrem weiche Wasser aus dieser Quelle gab der Qualität des Bieres noch einen weiteren Schub, und spätestens seit 1960 ist das Warsteiner eine deutschlandweit bekannte Marke. Mittlerweile kennt man das Bier auch in vielen anderen Ländern.

Um den Gerstensaft des Hauses von der Konkurrenz abzuheben, erfand man bei Warsteiner den Begriff des »Premium Pils«. Manche Bierfreunde lieben das Unternehmen für diesen Schachzug, weil so dem Publikum unterschwellig vermittelt wurde, dass es sich auch beim Bier um ein Getränk handelt, welches nicht einfach so gedankenlos zusammengebraut wurde und deshalb Respekt verdient und Kennerschaft belohnt. Andere empfanden diese Titelei als etwas zu schnöselig, weil sie immer noch der Meinung waren, dass ein gutes Bier nicht allzu viele Worte braucht und am besten für sich selbst spricht. Doch egal, ob viel oder wenig Worte; Warsteiner ist gut.

Adresse Warsteiner Brauerei Haus Cramer KG, Domring 4–10, 59581 Warstein, Tel. 02902/880, www.warsteiner.de | **Bier-Steckbrief** Brauart untergärig, Alkoholgehalt 4,8 Prozent vol., Stammwürze 11,6 Prozent | **Öffnungszeiten** Informationen über Termine für Besichtigungen finden sich unter www.warsteiner.de/warsteiner-welt. | **Tipp** Kurz und knapp die empfehlenswerte Alternative des Hauses: Warsteiner Herb.

104_Weihenstephaner Original

Die Altmeister

Lange Zeit blickten Weintrinker mit einer gewissen Herablassung auf Biertrinker hinab. Gilt doch ihr Lieblingsgetränk als Ausdruck von Kultur und Zivilisation, während das Bier eher für die Momente vorgesehen war, in denen man die Zivilisation ein bisschen hinter sich lassen wollte.

Dabei muss man allerdings sagen, dass nicht so viel nötig war, um zu erkennen, dass Wein eine interessante Sache sein könnte. Der Urahn musste einfach nur Tiere beobachten, wie sie vergorene Früchte aßen, und danach deren Verhalten richtig einordnen. Brauen hingegen hat kein Vorbild in der Natur. Dass ein Neandertaler beim Umherstreifen auf einen Primaten traf, der auf einen Gärbottich starrte, war eher unwahrscheinlich, und so musste er eben sein eigenes Gehirn in Falten legen.

Es dauerte bis zu den Sumerern im Zweistromland, dass jemand auf die Idee kam, die geerntete Gerste nicht zu Mehl zu mahlen, sondern die Körner in Wasser aufzuweichen, dann zu trocknen und dabei festzustellen, dass Malz entsteht … Der Rest ist, wie man so schön sagt, Geschichte.

Aber es dauerte immer noch viele weitere Jahrhunderte, bis im Kloster Weihenstephan die Benediktiner mit dem Bierbrauen begannen. Aber nirgendwo in Deutschland wird so lange gebraut wie hier. Seit dem Jahre 1040, um genau zu sein. Es gibt Leute, die bei Weihenstephan zuallererst an Hefeweißbier denken. Wogegen nichts zu sagen ist, aber der Weißbier-Aspekt wurde auf diesen Seiten schon mehr als genug gewürdigt, und das Weihenstephaner Original ist ein Bier, wie es sein soll. Lange und liebevoll gebraut, passt es so gut wie zu jeder Mahlzeit, man kann es aber auch einfach trinken, wenn man Durst hat. Biere wie dieses haben dafür gesorgt, dass Weihenstephan unter den Bierfreunden geradezu als Wallfahrtsort gilt. Das kann man von der Gegend, wo die Sumerer einst ihre Versuche starteten, derzeit nicht gerade behaupten.

Adresse Bayerische Staatsbrauerei Weihenstephan, Alte Akademie 2, 85354 Freising, Tel. 08161 / 5360, www.weihenstephaner.de | **Bier-Steckbrief** Brauart untergärig, Alkoholgehalt 5,1 Prozent vol., Stammwürze 11,6 Prozent | **Öffnungszeiten** Zu Führungen gibt es Informationen auf der Webseite. Allerdings muss man sich durchklicken und ein halbes Dutzend Mal sein Alter eingeben. | **Tipp** Das Weihenstephaner Hefeweizen.

105_Weiherer Kellerbier

Sonne im Herzen und das Bier im Blick

Es ist gar nicht so lange her, da sah es für die Brauerei Kundmüller, landschaftlich reizvoll am Fuße des Steigerwalds in Oberfranken gelegen, gar nicht so gut aus. Ein Brauereiführer aus dem Jahre 1997 schrieb über das Anwesen (Gaststätte + Brauhaus): »Gebraut wird nur alle zwei Wochen einmal, etwas mehr als 650 Hektoliter, und die werden im eigenen Haus ausgeschenkt.« Das klang nun nicht unbedingt nach glorreichen Aussichten. Aber:

Inzwischen sind es mehr als 20.000 Hektoliter pro Jahr, und die Palette der Sorten hat sich beträchtlich erweitert. Das Bock und das Lager gab es schon länger, aber 1998 kam auch ein Weißbier hinzu, ein Jahr später das Pils. 2004 gab es zum ersten Mal ein Rauchbier. Seit 2008 das hier gepriesene Kellerbier und seit einigen Jahren auch Spezialsorten wie Biobiere oder Keller-Pils.

Die Brauerei ist schon seit 1782 im Familienbesitz, allerdings wird erst seit 1874 Bier gebraut. Davor hatte man sich mit dem Weinanbau beschäftigt. Die Trendwende nach den anfänglich mageren 90er Jahren hatte sich ergeben, als man zum ersten Mal den Versuch unternahm, das Bier des Hauses nicht nur in Fässern, sondern auch in Flaschen anzubieten.

Mittlerweile gibt es einen ganzen Kreis von Abnehmern, darunter auch Supermärkte und Imbissbuden. Wenn man es quasi aus dem Nichts schafft, sich eine Nische im Markt zu erobern, dann hat man auch das Selbstbewusstsein, nicht jeden Preiskampf mitzumachen. Denn der würde sowieso ruinös für die kleine Brauerei enden. Also konzentriert man sich auf die Qualität. Inzwischen konnte die Brauerei Kundmüller jede Menge Preise einheimsen, das Kellerbier hat schon zweimal den Beer Star gewonnen. Ein anderer Aspekt ist die umweltverträgliche Herstellung. Bei der Brauerei Kundmüller ist man inzwischen so weit, dass sie das Bier sogar als »Solarbier« bewerben kann, weil alle Energie aus alternativen Quellen kommt.

Adresse Brauerei-Gasthof Kundmüller, Weiher 13, 96191 Viereth-Trunstadt, Tel. 09503 / 4338, www.kundmueller.de | **Bier-Steckbrief** Brauart untergärig, Alkoholgehalt 4,9 Prozent vol., Stammwürze 11,6 Prozent | **Öffnungszeiten** Gaststätte Do–Di ab 9 Uhr, Mi ist Ruhetag | **Tipp** Das Huppendorfer Pils vom Gasthof Grasser in Königsfeld mit seiner geschätzten herben Blume.

106 Weltenburger Barock Dunkel

Ganz alte Schule

Die Weltenburger Klosterbrauerei ist amtlich verbürgt die älteste Klosterbrauerei der Welt. Man muss das so umständlich sagen, denn die älteste Brauerei der Welt ist Weihenstephan, die allerdings auch als Klosterbrauerei angefangen hatte.

Wie das Andechser ist auch das Weltenburger ein Benediktinerkloster, weshalb es sich hier erübrigt, noch einmal viel über den Orden zu sagen.

Und wie die Brüder in den anderen Anlagen kann auch die Weltenburger Brauerei auf eine lange Geschichte zurückblicken.

Die Anlage soll von zwei Mönchen, die aus Irland und/oder Schottland kamen (weshalb sie in den Annalen in der Regel als »iroschottisch« geführt werden), schon im Jahre 617 begründet worden sein. Lange Jahre stand das Kirchengut unter der Schirmherrschaft von Leopold von Bayern. Das ging so lange gut, bis der es sich mit Karl dem Großen verscherzt hatte. Es folgten weitere Jahrhunderte mit großen und kleinen Kriegen, bis schließlich der mittlerweile wohlbekannte Napoleon kam und 1803 die Kirchengüter enteignete. Was aber König Ludwig I. (von Bayern) nicht daran hinderte, den Besitz 1842 der Kirche wieder zurückzugeben.

Bier wurde die ganze Zeit gebraut, aber bei der Vermarktung hilft nun mal weniges so gut wie ein griffiger Superlativ. Und da gibt es hier halt einige Unwägbarkeiten. Möglicherweise ist Weltenburg das älteste Kloster Bayerns, aber ganz sicher ist das eben auch nicht. Der Titel älteste Klosterbrauerei ist nicht so viel wert, wenn ein paar Dutzend Kilometer weiter die älteste Brauerei der Welt steht.

Also, was macht man? Man braut ein Dunkelbier, von dem man mit bestem Gewissen behaupten kann, dass es das älteste Dunkel der Welt ist. Wenn es dazu noch schmeckt wie das Kloster Barock Dunkel, dann hat man seinen Platz im Bierhimmel gefunden.

Adresse Klosterbrauerei Weltenburg GmbH, Heitzerstraße 2, 93049 Regensburg, Tel. 0941/20010, www.weltenburger.de | Bier-Steckbrief Brauart untergärig, Alkoholgehalt 4,7 Prozent vol., Stammwürze 18 Prozent | Öffnungszeiten Führungen finden im Sommer statt. Nähere Informationen finden sich auf der Webseite. | Tipp Das Regensburger Bruckmandl aus der unter derselben Adresse residierenden Brauerei Bischofshof.

107_Wernesgrüner Pils

Aus dem Wald in die Welt

Als die Wernesgrüner Brauerei 1436 gegründet wurde, war Christoph Kolumbus noch nicht einmal auf der Welt. Theoretisch hätte er auf seiner Entdeckungsreise in Richtung Amerika auch ein paar Fässer Wernesgrüner Pilsener mitnehmen können. Aber zur großen Fahrt in Richtung Neue Welt kam es erst in den 20er Jahren, als Wernesgrüner Pilsener sogar auf der Hamburg-Amerika-Linie von Hapag Lloyd ausgeschenkt wurde.

Begründet wurde das Unternehmen von Auswanderern aus Franken und der Oberpfalz, die ursprünglich im Vogtland eine Glasbläserei aufmachen wollten. Da nur wenige Dinge so durstig machen wie die Glasbläserei, war es naheliegend, den Handwerkern bei ihrer Niederlassung auch gleich das Braurecht zu geben. Wernesgrüner Bier wird heute immer noch aus Gläsern getrunken, aber der Inhalt hat die Form in Sachen Ruhm längst überstrahlt.

In Wernesgrün gab es im letzten Jahrhundert mehrere Brauereien, die alle Wernesgrüner brauten und sich alle im Familienbesitz befanden.

Der Aufstieg zur Weltmarke wurde durch den Ausbruch des Zweiten Weltkrieges gestoppt. Nach dem Krieg wurden die beiden verbliebenen Familienbrauereien enteignet und unter der Bezeichnung Volkseigener Betrieb Exportbierbrauerei Wernesgrün weitergeführt. Wie der Name des Unternehmens andeutet, war der Hauptjob der Bierbrauer nun vor allem, für Devisen zu sorgen. Der größte Teil der Produktion ging ins zahlungskräftige Ausland, was dazu führte, dass die wenigen Tropfen, die im Staat zu erhaschen waren, rasch in den Rang einer Zweitwährung aufstiegen. Bei heute regelmäßig stattfindenden Führungen über das Gelände der Brauerei melden sich immer wieder Besucher zu Wort, die von alten Zeiten erzählen, als ein Kasten Wernesgrüner gegen dringend benötigtes Baumaterial getauscht wurde. Da hat sich seit der Reprivatisierung 1991 einiges geändert. Aber die Qualität des Bieres ist geblieben.

Adresse Wernesgrüner Brauerei GmbH, Bergstraße 4, 08237 Wernesgrün, Tel. 037462/610, www.wernesgruener.de | **Bier-Steckbrief** Brauart untergärig, Alkoholgehalt 4,9 Prozent vol., Stammwürze 11,3 Prozent | **Öffnungszeiten** Brauereiführungen werden nach Voranmeldung Mo und Mi um 17 oder 19 Uhr durchgeführt. | **Tipp** Das milde Watzdorfer Landbier aus dem thüringischen Bad Blankenburg.

108 Wulle-Bier

Wulle wollte wirklich mehr

Man kennt das ja. Da hat man einen schönen Abend mit viel Spaß und auch nicht wenig Bier, aber am nächsten Morgen soll dann alles vergessen sein. Bei Ernst Wulle war das anders. Er war ein armes Kind von armen Eltern, und als ihm ein Verwandter einen Job in einer Brauerei besorgte, sah das erst auch nicht so aus, als würde das Entscheidendes ändern, aber wenigstens würde er in seiner neuen Tätigkeit wissen, wo er Trost findet.

Aber es kam noch besser. Ernst Wulle muss ein anziehender Mann gewesen sein. Er heiratete eine reiche Frau, und plötzlich lag ihm die Welt zu Füßen. Er hatte Kapital, Verbindungen zu höchsten Kreisen und dank seiner Ausbildung auch das Know-how für seine nächste Geschäftsidee.

An der Stuttgarter Neckarstraße begründete er in der Mitte des 19. Jahrhunderts die Wulle-Brauerei. Obwohl das Herz des Schwabenlandes eigentlich eher das Hoheitsgebiet der Weintrinker ist, expandierte die Brauerei schnell. Wulle trennte sich von seinem Geschäftspartner, blieb bei seiner Frau und kreierte den Werbespruch »Wir wollen Wulle!«, der bis heute für die Marke verwendet wird.

Aber trotz seines rasanten Aufstiegs hatte Wulle nicht vergessen, aus welchen Verhältnissen er kam. Als der Firmengründer und Bierpionier 1902 starb, war er ein geachteter Mann. Es gab eine Stiftung, die in seinem Namen wirkte und sich um sozial Schwache kümmerte und einen von ihm gegründeten Kindergarten. In Stuttgart gibt es neben einer Wullestraße auch eine Wullestaffel genannte Parkanlage.

Doch wie es mit den Gründungen von dynamischen Wirtschaftskapitänen manchmal so ist. Die Nachfahren haben nicht immer dasselbe glückliche Händchen. Die Wulle-Brauerei wurde als Aktiengesellschaft weitergeführt, überlebte Krieg und Wiederaufbau, war aber dennoch 1971 am Ende. Sie kam unter das Dach der Dinckelacker Brauerei, die 2008 die geschichtsträchtige Biermarke wiederaufleben ließ.

Adresse Dinkelacker-Schwaben Bräu GmbH & Co. KG, Tübinger Straße 46, 70178 Stuttgart, Tel. 0711/64810, www.wulle-bier.de | Bier-Steckbrief Brauart untergärig, Alkoholgehalt 5,0 Prozent vol., Stammwürze 11,4 Prozent | Öffnungszeiten Brauereiführungen können unter www.privatbrauerei-stuttgart.de/brauereifuehrung gebucht werden. | Tipp Die originelle Tü8-Lokalbrauerei (www.tue8.de) im Zentrum Stuttgarts.

109_Würth Zoiglbier

Wer nichts wird, wird Würth?

Und was ist nun … Zoigl? Dasselbe wie Zwickel? Naja, das kann sein, aber erst mal geht es hier um eine Brautradition, die typisch für die Oberpfalz ist. Dabei handelt es sich um einen Mix aus Individualität und Teamwork. Nachdem das Malz auf der Darre getrocknet worden ist, wird es geschrotet und im Maischebottich erhitzt. Dabei kommt dann noch Hopfen dazu. Dieser Teil des Brauens wurde in der Oberpfalz traditionell gemeinsam in sogenannten Kommunbrauhäusern durchgeführt. Dabei standen sämtliche Würdenträger vom Braumeister bis zum Zolleintreiber daneben. Das Maischen dauerte ein paar Stunden, danach konnte jeder Zoigl-Brauer einen Teil der Würze mit nach Hause nehmen und sie in seinem eigenen Gärkeller mit Hefe versetzen.

Da der Grundstoff bei allen Brauern derselbe war, sind die Zoiglbiere eines Ortes geschmacklich miteinander verwandt, aber da jeder Brauer seine eigenen Rezepte hat, gibt es Nuancen und Unterschiede.

Damit beim Ausschank des fertigen Bieres kein Streit aufkam, präsentierten die Zoigl-Brauer ihre Biere nacheinander. Wer mit dem Ausschenken dran war, signalisierte es seiner Nachbarschaft mit einem Zeichen (dem »Zoigl«). Das besteht aus zwei gleichschenkligen Dreiecken, die wie ein Davidstern ineinander verschränkt sind. Das eine Dreieck symbolisiert die beim Brauen beteiligten Elemente Wasser, Feuer und Luft; das andere die Zutaten Wasser, Malz und Hopfen. In der hohen Zeit des Kommunbrauens galt Hefe nicht als »richtige« Zutat, sondern nur als Zeug. Ansonsten hätte man ja ein Viereck als Symbol nehmen müssen.

Da viele Zoiglbiere weder gefiltert noch gespundet werden, können sie auch unter der Bezeichnung Zwickel-Bier laufen. Aber das ist nicht Pflicht. Einst wurde Zoiglbier in der Oberpfalz in Dutzenden Orten gebraut, heute gibt es noch fünf und Würth in Windischeschenbach gehört zu den führenden Häusern.

Adresse Brauerei Würth, Bahnhofstraße 7, 92670 Windischeschenbach, Tel. 09681/1220, www.brauerei-wuerth.de | Bier-Steckbrief Brauart untergärig, Alkoholgehalt 5,3 Prozent vol., Stammwürze 12,8 Prozent | Öffnungszeiten Von Besichtigungen ist leider nichts bekannt. | Tipp Ein schmackhaftes Bier aus der Gambrinus Brauerei in Weiden (www.gambrinus-weiden.de).

110_Zeugenbräu Terminator II

Advocatus diaboli in Sachen Bier

Das Zeugenbräu Terminator II ist eine starke Nummer. Einerseits, was die technischen Daten betrifft, aber andererseits ebenso die Zutaten. Denn in das Zeugenbräu-Bier kommen: Wasser (okay), Hopfen (okay), Malz (okay), Hefe (okay), Lakritz (Was?), Dextrose (Was?!) und Vanille (Was?!?).

So. Wer will, kann jetzt mal ein bisschen stänkern.

Einerseits gibt es das deutsche (ursprünglich: bayerische) Reinheitsgebot, dessen Gültigkeit wir alle unseren Biergenuss verdanken. Wir dürfen keinen Gott neben ihm haben und werden auch aufmerksam darüber wachen, dass niemand versucht, unsere Heiligkeit vom Thron zu stoßen.

Aber – aaaber! – es gibt auch andere Stimmen, Frevler, Ketzer gar, die das nicht so eng sehen. Und – sei es nur der Vollständigkeit halber – hier sollen ihre Argumente dargelegt werden:

Das deutsche Reinheitsgebot war ursprünglich nur ein Mittel der bayerischen Brauereien, die norddeutsche Konkurrenz in die Knie zu zwingen. Da dieses Gebot nur Zutaten definiert, aber nichts über deren Qualität aussagt, ist es nichts anderes als eine Fessel, die kreative Braumeister in ihrem Tatendrang hemmt. Wenn deutsche Biere gut sind, dann liegt das an dem Know-how der Brauer und der Güte der Zutaten. Genau darüber wird aber im althergebrachten Reinheitsgebot überhaupt nichts gesagt.

Nirgendwo außerhalb von Deutschland wird nach dem Reinheitsgebot gebraut. Dennoch gibt es überall gute und schlechte Biere. Auch hierzulande schaffen es Brauer, mieses Bier zu produzieren, ohne auch nur einen Millimeter gegen das Reinheitsgebot zu verstoßen.

In Ahrensburg bei Hamburg gibt es einen jungen Mann mit dem Namen Boris Georgiev, der vom Biertrinker zum Bierbrauer wurde. Da er in dem Reinheitsgebot eben wie eingangs erwähnt eine Beschränkung sieht, kümmert er sich nicht darum. Für ihn zählt allein der Geschmack. Und mancher Bierfreund sagt: »I'll be back.«

Adresse Zeugenbräu, Schlehenstieg 17, 22926 Ahrensburg, www.zeugenbraeu.de, Kontakt via boris@zeugenbraeu.de. | **Bier-Steckbrief** Brauart untergärig, Alkoholgehalt 14,0 Prozent vol., Stammwürze 28 Prozent | **Öffnungszeiten** Es gibt Braukurse und Seminare, die definitiv den Horizont erweitern. Infos auf der Webseite. | **Tipp** Was gegen das Reinheitsgebot verstößt, darf nicht Bier heißen. Deshalb gibt es Zeugenbräu eher bei Weinhändlern wie www.20wines.de.

111 Zischke Kellerbier

Zum zischenden Ziel

Das Zischke Kellerbier kommt aus der Karlsberg-Brauerei im saarländischen Homburg. Das Getränk ist in doppelter Hinsicht ein würdiger Schlusspunkt unserer Reise durch die deutschen Brau-Regionen. Zum einen natürlich aufgrund seiner Qualität – obwohl man schon wissen sollte, was man von einem Kellerbier erwarten darf (wer an diesem Aspekt interessiert ist, sei auf den Text zum Engel Kellerbier verwiesen) – und zum anderen aufgrund seines passenden lautmalerischen Namens.

Das Ploppen und Zischen einer geöffneten, gut gekühlten Flasche ist bei vielen Bierfreunden Teil des Rituals. Und bevor sich jeder selbst auf seine Reise in die Bierwelt macht, sei dem Verfasser noch eine abschließende Bemerkung gestattet.

Das viel gepriesene Reinheitsgebot dient vielerorten dazu, deutsche Biere von anderen – beispielsweise amerikanischen oder belgischen – Bieren abzugrenzen, wo man ja bekanntermaßen auch vor Zutaten wie Zucker oder Mais nicht zurückschreckt.

Ob dieser Purismus immer angebracht ist oder der Interessent sich dadurch um manche Gaumenfreude bringt, das soll jeder selbst entscheiden, hier wird nur darauf hingewiesen, dass auch dieser Text nach einem Reinheitsgebot entstanden ist. Sowohl was die Auswahl als auch die Beschreibung betrifft, gab es auf dieses Buch keinerlei Einflussnahme vonseiten welcher Brauerei auch immer. Es wurde auch von niemand eine Bezahlung verlangt. (Das ist nicht so selbstverständlich, wie es im ersten Moment klingt.)

Des Weiteren fehlten Bierbeschreibungen à la »Voller Hopfengeschmack im Antrunk, worauf ein leichter Nachgeschmack in Richtung Sägespäne anschließt«. Wer diese Art Bierbewertung sucht, ist im Internet besser aufgehoben, wo es diverse, von vielen Bierfreunden mit viel Liebe gepflegte Datenbanken gibt. Der Zweck dieses Buches bestand vor allem darin, den Wissensdurst anzuregen, niemand sollte mit Fachchinesisch besoffen gequatscht werden.

Adresse Karlsberg Brauerei GmbH, Karlsbergstraße 62, 66242 Homburg, Tel. 06841 / 1050, www.karlsberg.de / Produkte / Zischke | **Bier-Steckbrief** Brauart untergärig, Alkoholgehalt 4,8 Prozent vol., Stammwürze 13,5 Prozent | **Öffnungszeiten** Zu einer Brauereibesichtigung kann man sich hier anmelden: www.karlsberg.de / Karlsberg / Brauereibesichtigung. | **Tipp** Zum Abschluss noch ein sehr deutscher Bier-Rat: Das Ale-Mania von der Biersmarck (sic) GmbH in Bonn (www.ale-mania.de), ein Ale, das es in sich hat. »Cheers!«

Entdecken Sie viele weitere spannende und ungewöhnliche Titel der 111er-Reihe:

111

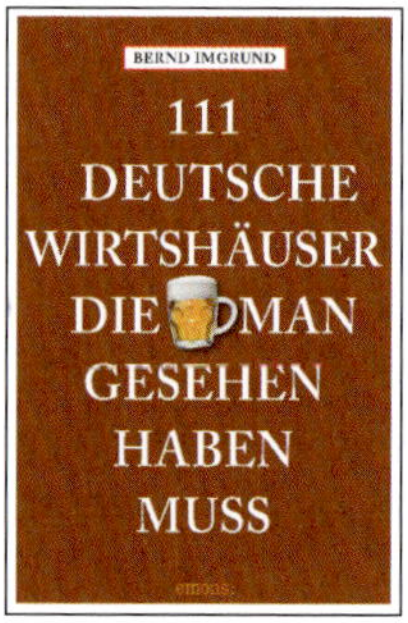

Bernd Imgrund
111 deutsche Wirtshäuser, die man gesehen haben muss
ISBN 978-3-95451-080-1

Carsten Henn
111 Deutsche Weine, die man getrunken haben muss
ISBN 978-3-95451-465-6

Oliver Schröter
111 Orte für echte Männer, die man gesehen haben muss
ISBN 978-3-95451-228-7

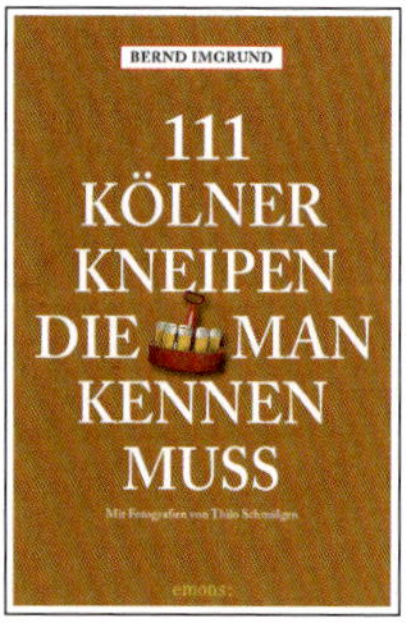

Bernd Imgrund
111 Kölner Kneipen, die man kennen muss
ISBN 978-3-89705-838-5

Rüdiger Liedtke
111 Orte in München, die Geschichte erzählen
ISBN 978-3-95451-221-8

Paul Stänner
111 Orte im Münsterland, die man gesehen haben muss
ISBN 978-3-95451-116-7

Peter Eickhoff
111 Orte am Niederrhein, die man gesehen haben muss
ISBN 978-3-89705-815-6

Bernd Flessner
111 Orte in der Oberpfalz, die man gesehen haben muss
ISBN 978-3-95451-369-7

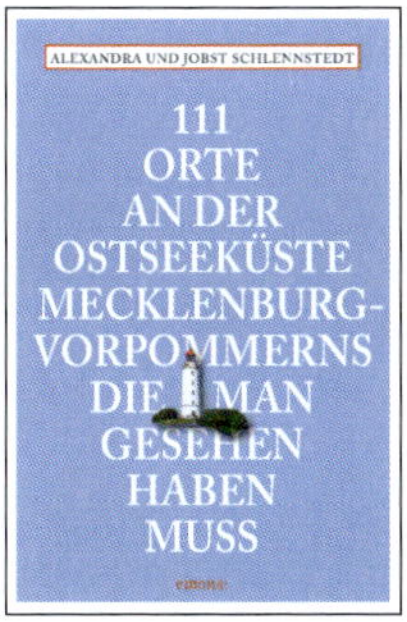

Alexandra und Jobst Schlennstedt
111 Orte an der Ostseeküste Mecklenburg-Vorpommerns, die man gesehen haben muss
ISBN 978-3-95451-332-1

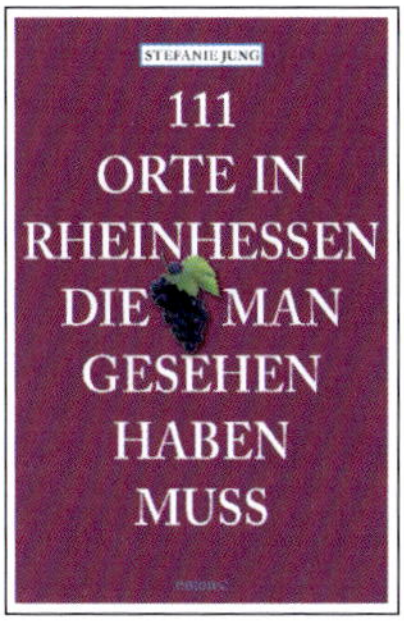

Stefanie Jung
111 Orte in Rheinhessen, die man gesehen haben muss
ISBN 978-3-95451-082-5

Fabian Pasalk
111 Orte im Ruhrgebiet, die man gesehen haben muss
ISBN 978-3-89705-814-9

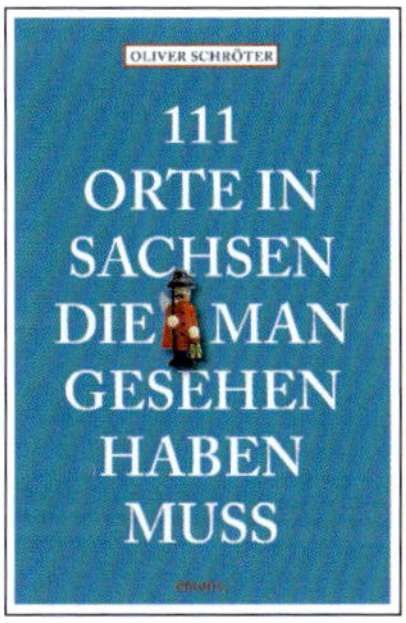

Oliver Schröter
111 Orte in Sachsen, die man gesehen haben muss
ISBN 978-3-95451-021-4

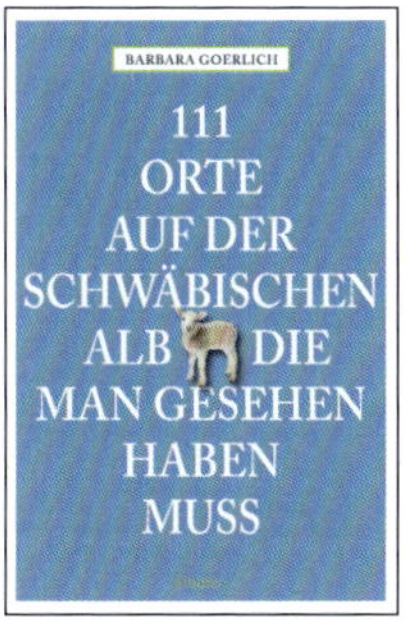

Barbara Goerlich
111 Orte auf der Schwäbischen Alb, die man gesehen haben muss
ISBN 978-3-89705-948-1

Rüdiger Liedtke
111 Orte auf Mallorca, die man gesehen haben muss
ISBN 978-3-89705-975-7

Susanne Thiel
111 Orte in Madrid, die man gesehen haben muss
ISBN 978-3-95451-118-1

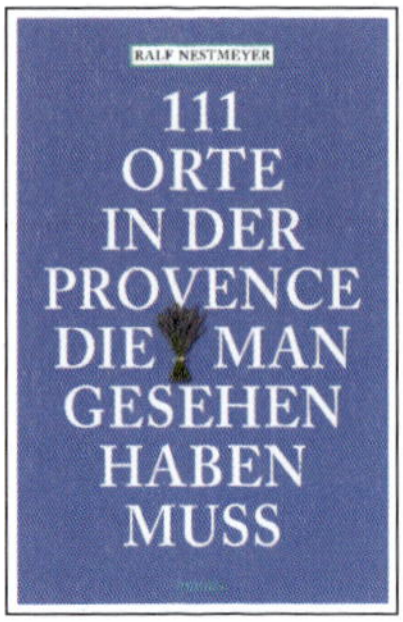

Ralf Nestmeyer
111 Orte in der Provence, die man gesehen haben muss
ISBN 978-3-95451-094-8

Peter Eickhoff
111 Orte in Wien, die man gesehen haben muss
ISBN 978-3-89705-969-6

Stefan Spath
111 Orte in Salzburg, die man gesehen haben muss
ISBN 978-3-95451-114-3

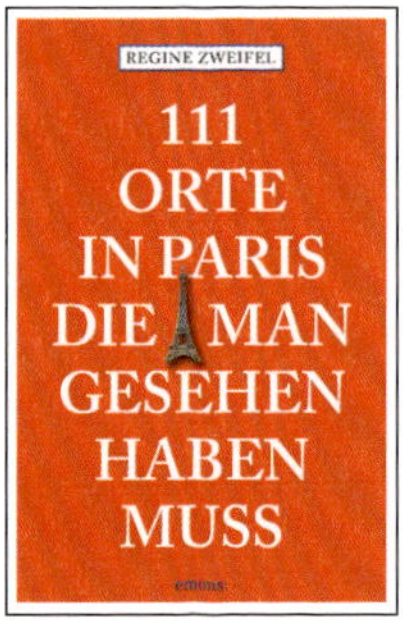

Regine Zweifel
111 Orte in Paris, die man gesehen haben muss
ISBN 978-3-89705-823-1

Dirk Engelhardt
111 in Barcelona, die man gesehen haben muss
ISBN 978-3-95451-066-5

John Sykes
111 Orte in London, die man gesehen haben muss
ISBN 978-3-95451-117-4

Annett Klingner
111 Orte in Rom, die man gesehen haben muss
ISBN 978-3-95451-219-5

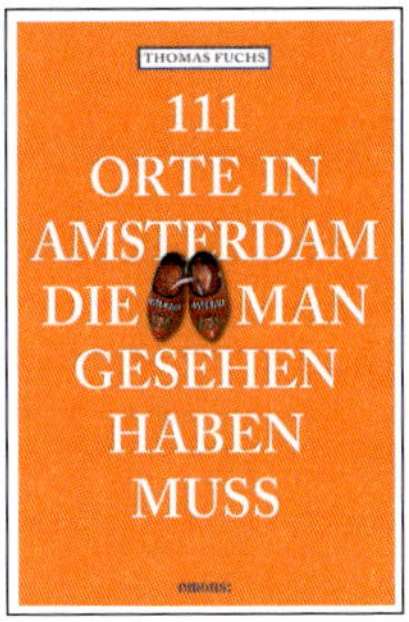

Thomas Fuchs
111 Orte in Amsterdam, die man gesehen haben muss
ISBN 978-3-95451-209-6

Stefan Spath, Gerald Polzer
111 Orte im Salzkammergut, die man gesehen haben muss
ISBN 978-3-95451-231-7

Christiane Bröcker, Babette Schröder
111 Orte in Stockholm, die man gesehen haben muss
ISBN 978-3-95451-203-4

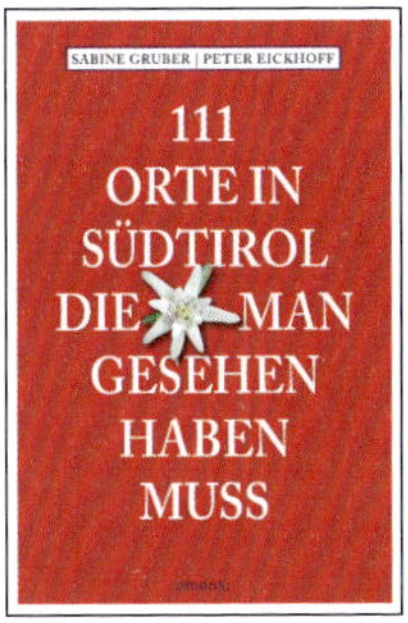

Sabine Gruber, Peter Eickhoff
111 Orte in Südtirol, die man gesehen haben muss
ISBN 978-3-95451-318-5

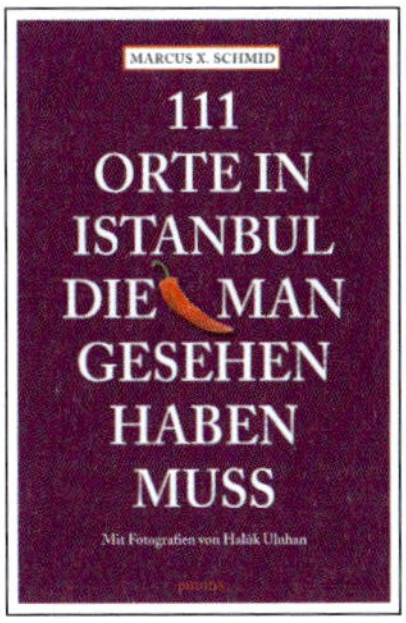

Marcus X. Schmid
111 Orte in Istanbul, die man gesehen haben muss
ISBN 978-3-95451-333-8

Gerd Wolfgang Sievers
111 Orte in Venedig, die man gesehen haben muss
ISBN 978-3-95451-352-9

Rüdiger Liedtke, Laszlo Trankovits
111 Orte in Kapstadt, die man gesehen haben muss
ISBN 978-3-95451-456-4

Eckhard Heck
111 Orte in Maastricht, die man gesehen haben muss
ISBN 978-3-95451-368-0

Petra Sophia Zimmermann
111 Orte am Gardasee und in Verona, die man gesehen haben muss
ISBN 978-3-95451-344-4

Lucia Jay von Seldeneck, Carolin Huder, Verena Eidel
111 Orte in Berlin, die man gesehen haben muss
ISBN 978-3-89705-853-8

Bernd Imgrund
111 Kölner Orte, die man gesehen haben muss
Band 1
ISBN 978-3-89705-618-3

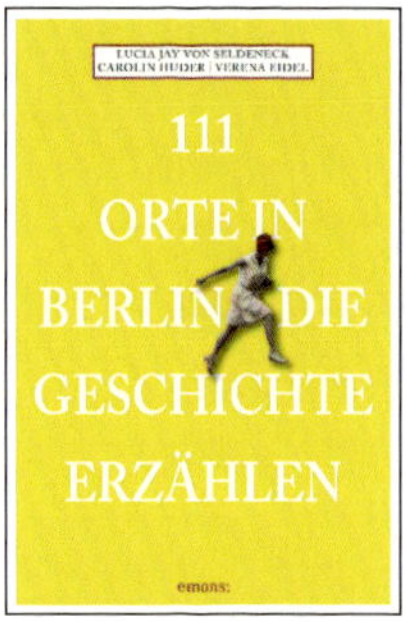

Lucia Jay von Seldeneck, Carolin Huder, Verena Eidel
111 Orte in Berlin, die Geschichte erzählen
ISBN 978-3-95451-039-9

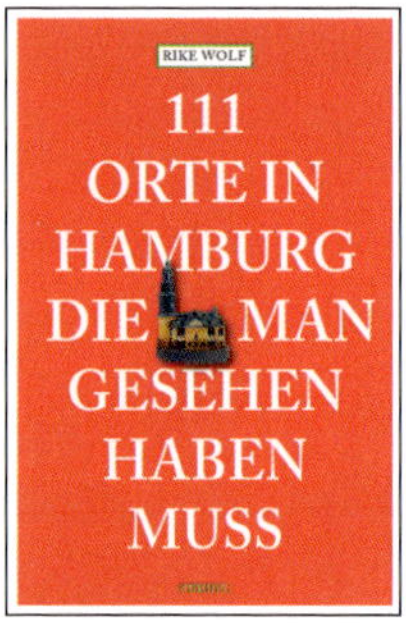

Rike Wolf
111 Orte in Hamburg, die man gesehen haben muss
ISBN 978-3-89705-916-0

Gabriele Kalmbach
111 Orte in Stuttgart, die man gesehen haben muss
ISBN 978-3-95451-004-7

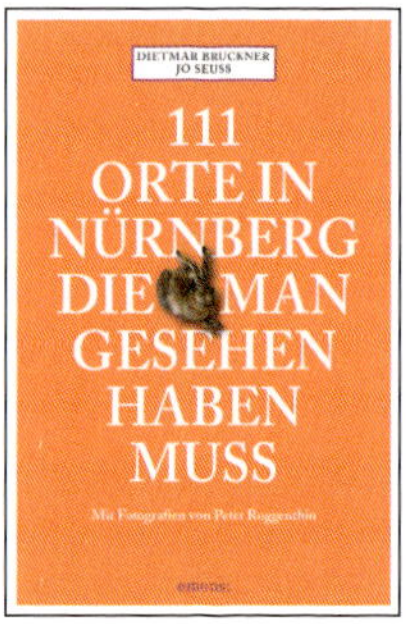

Dietmar Bruckner, Jo Seuß
111 Orte in Nürnberg, die man gesehen haben muss
ISBN 978-3-95451-042-9

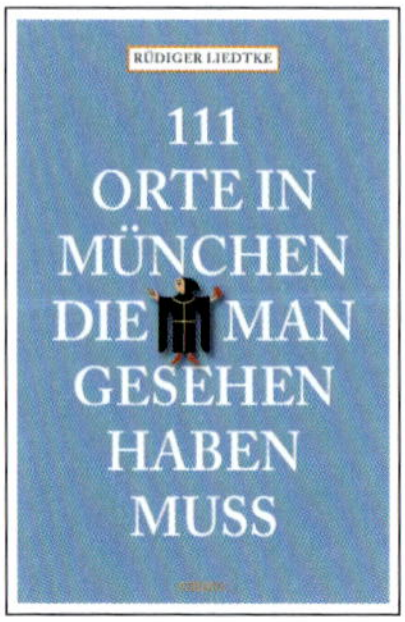

Rüdiger Liedtke
111 Orte in München, die man gesehen haben muss
ISBN 978-3-89705-892-7

Rike Wolf, Tom Wolf
111 Orte in Frankfurt, die man gesehen haben muss
ISBN 978-3-95451-342-0

Peter Eickhoff
111 Düsseldorfer Orte, die man gesehen haben muss
ISBN 978-3-89705-699-2

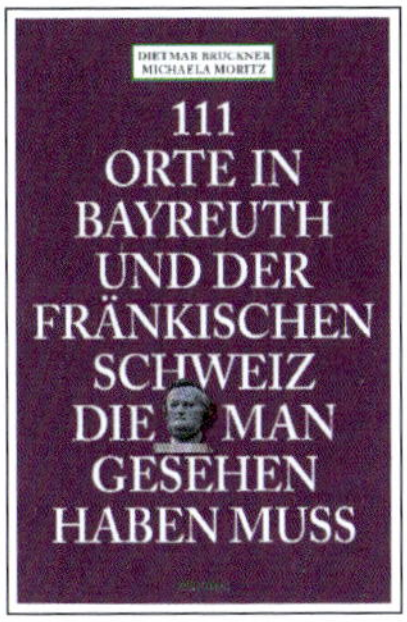

Dietmar Bruckner,
Michaela Moritz
111 Orte in Bayreuth und der Fränkischen Schweiz, die man gesehen haben muss
ISBN 978-3-95451-130-3

Alexandra und Jobst
Schlennstedt
111 Orte an der Ostseeküste, die man gesehen haben muss
ISBN 978-3-89705-824-8

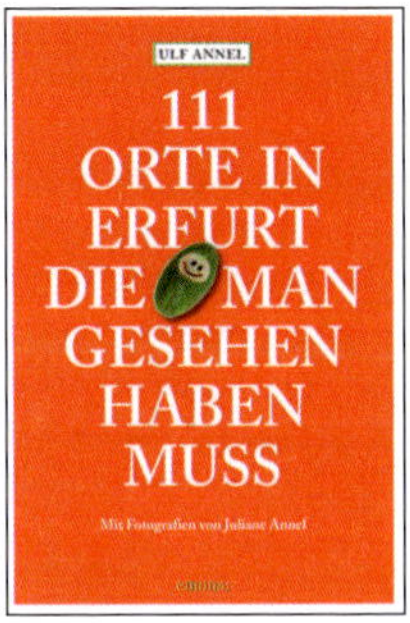

Ulf Annel
111 Orte in Erfurt, die man gesehen haben muss
ISBN 978-3-95451-022-1

Werner Schwanfelder
111 Orte in Mittelfranken, die man gesehen haben muss
ISBN 978-3-95451-336-9

Alexander Barth
111 Orte in Aachen und der Euregio, die man gesehen haben muss
ISBN 978-3-89705-931-3

Cornelia Kuhnert
111 Orte in Hannover, die man gesehen haben muss
ISBN 978-3-95451-086-3

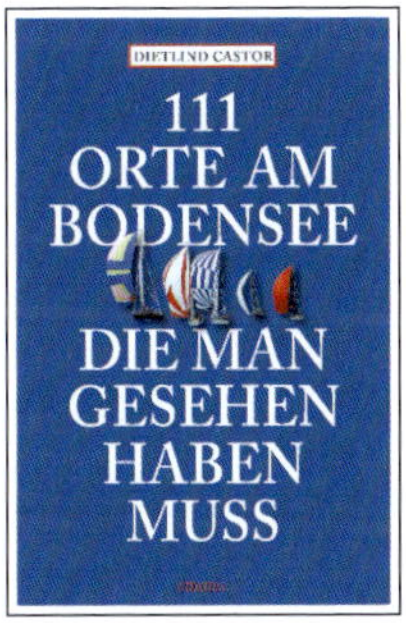

Dietlind Castor
111 Orte am Bodensee, die man gesehen haben muss
ISBN 978-3-95451-063-4

Daniela Bianca Gierok,
Ralf H. Dorweiler
111 Orte im Schwarzwald, die man gesehen haben muss
ISBN 978-3-89705-950-4

Bernd Imgrund
111 Orte in der Eifel, die man gesehen haben muss
ISBN 978-3-95451-003-0

Cornelia Ziegler
111 Orte im Allgäu, die man gesehen haben muss
ISBN 978-3-95451-343-7

Marco Roeske
111 Orte im Bayerischen Wald, die man gesehen haben muss
ISBN 978-3-95451-328-4

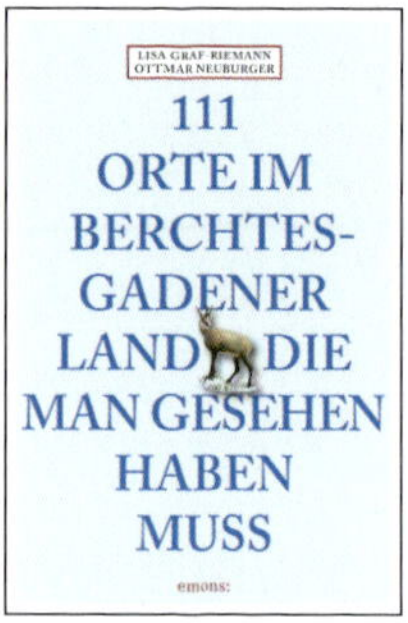

Lisa Graf-Riemann, Ottmar Neuburger
111 Orte im Berchtesgadener Land, die man gesehen haben muss
ISBN 978-3-89705-961-0

Ralf Koss, Stefanie Kuhne
111 Orte im Bergischen Land, die man gesehen haben muss
ISBN 978-3-95451-328-027-6

Eckhard Heck
111 Orte in Bonn, die man gesehen haben muss
ISBN 978-3-95451-212-6

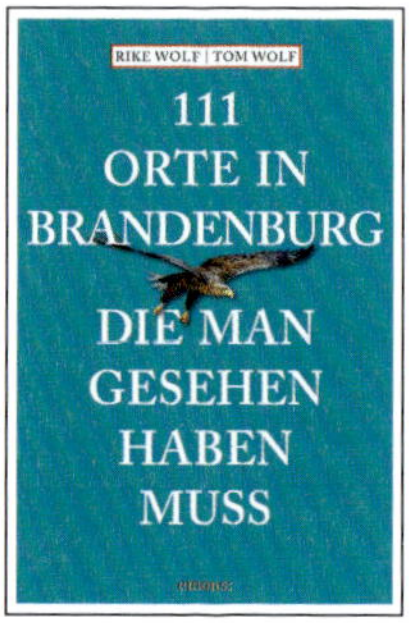

Rike Wolf, Tom Wolf
111 Orte in Brandenburg, die man gesehen haben muss
ISBN 978-3-95451-235-5

Bernd F. Gruschwitz
111 Orte in Bremen, die man gesehen haben muss
ISBN 978-3-95451-210-2

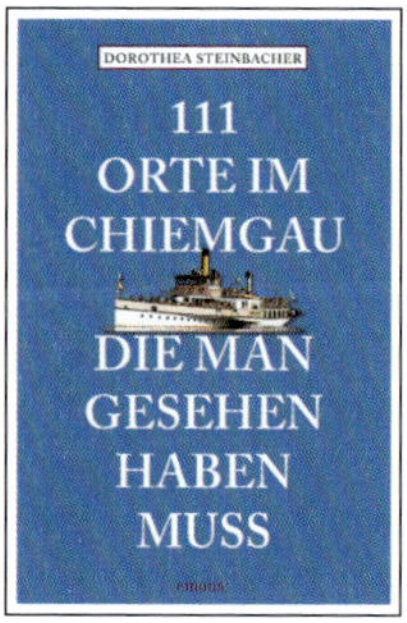

Dorothea Steinbacher
111 Orte im Chiemgau, die man gesehen haben muss
ISBN 978-3-95451-338-3

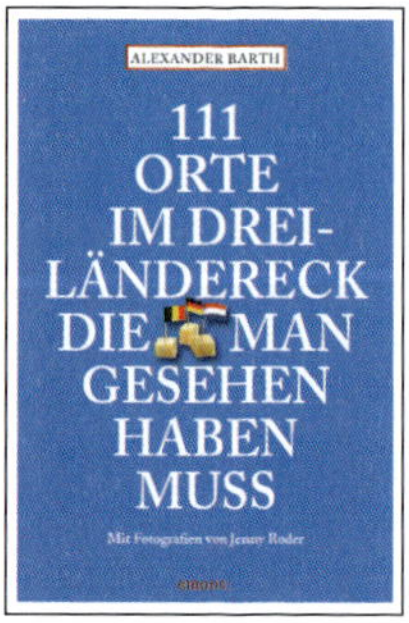

Alexander Barth
111 Orte im Dreiländereck, die man gesehen haben muss
ISBN 978-3-95451-316-1

Gabriele Kalmbach
111 Orte in Dresden, die man gesehen haben muss
ISBN 978-3-89705-909-2

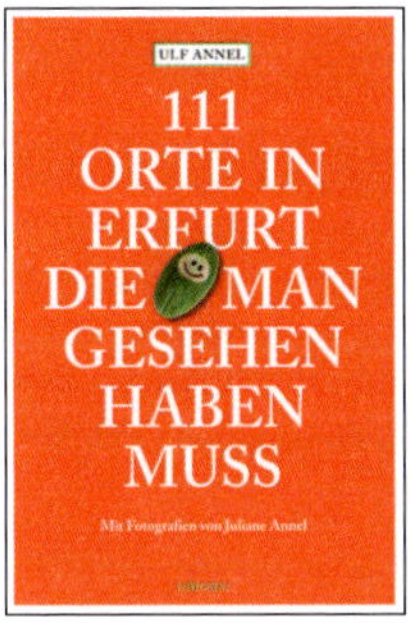

Ulf Annel
111 Orte in Erfurt, die man gesehen haben muss
ISBN 978-3-95451-022-1

Barbara Riess
111 Orte in Freiburg, die man gesehen haben muss
ISBN 978-3-95451-385-7

Gerald Polzer, Stefan Spath
111 Orte in Graz, die man gesehen haben muss
ISBN 978-3-95451-466-3

Peter und Elisabeth Friesenhahn
111 Orte im Hunsrück, die man gesehen haben muss
ISBN 978-3-95451-319-2

Oliver Schröter
111 Orte in Leipzig, die man gesehen haben muss
ISBN 978-3-89705-910-8

Stefanie Jung
111 Orte in Mainz, die man gesehen haben muss
ISBN 978-3-95451-041-2

Nina Pfister
111 Orte in Mannheim, die man gesehen haben muss
ISBN 978-3-95451-224-9

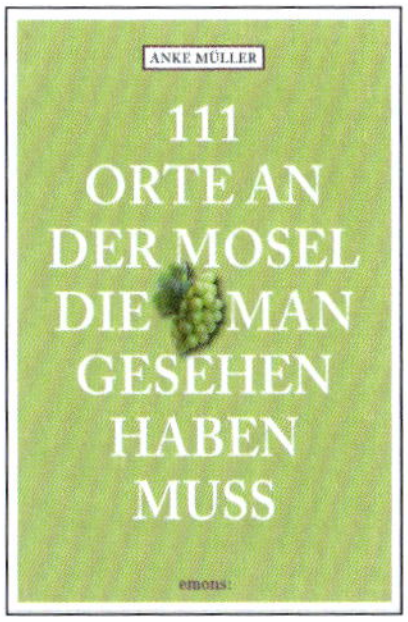

Anke Müller
111 Orte an der Mosel, die man gesehen haben muss
ISBN 978-3-95451-325-3

Fotonachweis

Kapitel 6, 7, 8, 10, 12, 17, 18, 20, 21 (oben), 27, 28, 34, 37, 38, 39, 40, 41, 44, 45, 47, 49, 51, 53, 55, 56, 57, 58, 59, 63, 71, 76, 78, 80, 82, 83, 84, 86, 91, 93, 96, 100, 101, 103, 107, 108, 109, 110, 111: aus Archiv der jeweiligen Brauereien; Kapitel 43, 46, 48, 81, 89: Franziska Emons; Kapitel 9: argum – Falk Heller/Kloster Andechs; Kapitel 64: Jürgen Hellge; alle übrigen Bilder: Thomas Fuchs.

Der Autor

Thomas Fuchs verfasste für diese Reihe den Band »111 Orte in Amsterdam, die man gesehen haben muss«. Darüber hinaus schreibt er Länderporträts (»Holland Speciaal«), Romane (»Arminius – Kampf gegen Rom«) und Biographien (»Johnny Depp – Der Mann hinter den Masken«). Für dieses Bier-Buch schöpfte er aus jahrzehntelangen Erfahrungen und aufopferungsvollen Selbstversuchen mit Freunden, Bekannten und Kollegen.